ACTE I, SCÈNE III.

CAGLIOSTO, gaîment.

C'est vrai! par une armée de recors! Comment l'avez-vous deviné?

LA MARQUISE.

Mon neveu le chevalier vous avait vu!

CAGLIOSTRO.

Et s'est empressé de vous apprendre les bonnes nouvelles... Celle-ci est en effet assez originale... Il paraît que j'ai une ressemblance malheureuse avec un de mes compatriotes, un nommé Joseph Balzamo, pauvre diable criblé de dettes... Un de ses créanciers, actuellement en France, avait cru le reconnaître en moi, au moment où je sortais du pied-à-terre que j'ai ici, à Versailles... Accident d'autant plus fâcheux qu'il peut se renouveler... Vous me direz à cela que je pourrais changer de figure... il ne serait pas en effet difficile de trouver mieux, surtout ici, messieurs... mais je tiens à celle-ci... j'y suis habitué... j'ai donc réclamé, me disant le comte de Cagliostro, ce qu'ont attesté le marquis de Sénanges et quelques autres seigneurs que j'ai aperçus dans la foule... déclarant du reste qu'on pouvait se présenter demain ou après, à mon hôtel, rue Saint-Claude, à Paris, où j'acquitterai les dettes de Joseph Balzamo!

LE CHEVALIER.

Cela vous est si facile!

CAGLIOSTRO.

Vous croyez, monsieur le chevalier!

LE CHEVALIER.

Ne dit-on pas que vous avez trouvé le grand œuvre?

CAGLIOSTRO.

Et quand ce serait... ce dont je ne conviens pas... vous tomberiez d'accord avec moi que c'est une découverte bien frivole en elle-même, et qu'on peut en faire de plus utiles pour l'humanité!

LE CHEVALIER, avec ironie.

Celle, par exemple, de vivre un ou deux siècles.

CAGLIOSTRO.

Eh! mais, ce n'est peut-être pas impossible!.... grâce à une recette à laquelle monsieur le chevalier ne croit pas.

LE CHEVALIER.

Quelle est cette recette?

CAGLIOSTRO, souriant.

La tempérance et la sagesse!

LA MARQUISE, vivement.

Non! non... il y a d'autres secrets encore... car quoique jeune en apparence, on prétend que vous avez vécu dans des temps fort éloignés!

CAGLIOSTRO.

Moi! qui a dit cela, madame?

LA MARQUISE.

On a parlé d'une conversation que vous avez eue avec Anne d'Autriche!

CAGLIOSTRO, vivement.

Jamais, madame, jamais!... Sa Majesté connaissait trop bien les convenances (Se reprenant.) ou plutôt je veux dire qu'une pareille idée est si extravagante!...

LE CHEVALIER.

Moins peut-être que vous ne voudriez le faire supposer... Mais, franchement, vous n'en croyez pas un mot?

CAGLIOSTRO.

C'est ce qui vous trompe, monsieur le chevalier... loin de vous ressembler, moi, je crois à tout!

LE CHEVALIER.

Même en vous?

LA MARQUISE, d'un ton sévère.

Mon neveu!

LE CHEVALIER, d'un ton ironique.

Même à la magie... à la sorcellerie?

CAGLIOSTRO.

Pourquoi pas!... il ne s'agit que de s'entendre sur les mots... Je crois tout possible à l'esprit humain... je crois que la nature n'a pas de secrets qui ne puissent être découverts par le génie et par la science... Seulement, ceux qui faisaient jadis de pareilles découvertes, nos pères les appelaient sorciers et les brûlaient... aujourd'hui, on se contente de les tourner en ridule... dans quelques années peut-être, on trouvera juste de les honorer!

LE PRINCE, lui prenant la main.

On commence déjà, monsieur le comte.... Et vous pensez donc que ces grands secrets de la nature?...

CAGLIOSTRO.

Finiront tous par être connus!... Oui, dans le suc des plantes ou dans la fusion des métaux, Dieu a placé les principes réparateurs ou vivifians..... (S'arrêtant en souriant.) Mais, pardon, mesdames, pardon... j'oubliais que j'étais dans un salon et me croyais dans mon laboratoire!

LE PRINCE.

Plût au ciel que nous y fussions avec vous!

LA MARQUISE.

Cela nous arrivera... vous nous l'avez promis... (Avec curiosité.) Vous dites donc, monsieur le comte, qu'il y aurait par exemple des secrets pour rajeunir?...

CAGLIOSTRO.

Je ne dis pas non!

LE PRINCE, avec curiosité.

Des plantes ou des philtres pour se faire aimer?...

CAGLIOSTRO.

Ce n'est pas impossible!

CÉCILE, vivement.

Il y en aurait?

CAGLIOSTRO.
Oui, sans doute!... (Galamment.) Mais, vous, mademoiselle, à quoi bon vous en informer?
LE CHEVALIER, d'un air railleur.
Et ces secrets, vous les possédez?
CAGLIOSTRO.
Je ne m'en vante pas!... mais je suis sûr qu'ils existent!
LE CHEVALIER, haussant les épaules.
Allons donc! c'est impossible!
CAGLIOSTRO.
Eh! mon Dieu, oui, impossible!... c'est ce que tout le monde dit!... Avant qu'on eût découvert le secret de diriger la foudre ou de s'élever dans les airs... vous auriez comme aujourd'hui crié à l'impossible... car on appelle impossible tout ce qui est inconnu... et ce que vous ne connaissez pas, monsieur, je le connais... Le magnétisme, que vous méprisez, me donne parfois le don de seconde vue... Il me permet de traverser les plis de cette étoffe, et de voir là, dans la poche de votre habit, une lettre qui ne doit pas y avoir été placée depuis long-temps..... car elle vient d'être décachetée... l'écriture me ferait même supposer qu'elle vient de la main d'une femme..... si la signature ne me l'attestait pas!
LE CHEVALIER.
Monsieur!
CAGLIOSTRO.
Ne craignez rien!... je ne regarde plus... Ce serait une indiscrétion dont je suis incapable.
CÉCILE, avec émotion.
Comment! il serait vrai?
CAGLIOSTRO.
Monsieur le chevalier n'a qu'à vous montrer si je me trompe!
CÉCILE.
Voyons, mon cousin, voyons!
LE PRINCE.
Oui, chevalier... vous ne pouvez nous refuser satisfaction.
LE CHEVALIER, à Cécile qui le presse.
Eh! non, ma cousine... la lettre la plus insignifiante!
CÉCILE.
Enfin, il y en a une!
(On entend au dehors un grand bruit. Tout le monde court aux fenêtres.)
LE PRINCE, après avoir regardé par la fenêtre.
Un carrosse versé à la porte de l'hôtel... un cocher maladroit!
LE CHEVALIER, de même.
Une personne blessée!
CÉCILE.
Ah! mon Dieu! tuée, peut-être?
LA MARQUISE.
Courez, mon neveu, offrez ma maison, ainsi que nos soins et nos secours!
(Le chevalier et le prince sortent.)

LA MARQUISE, à Cagliostro.
Nous comptons toujours demain soir sur monsieur le comte et sur la séance de somnambulisme qu'il nous a promise.
CAGLIOSTRO.
Je n'ai garde d'y manquer!
LA MARQUISE.
Vous aurez une royale assemblée... car toutes les personnes de la cour me demandent des invitations... et mon salon ne pourra contenir la foule de vos admirateurs..... (Regardant vers le fond.) Qu'ai-je vu!

∞∞∞∞∞∞∞∞∞∞∞∞∞∞∞∞∞∞∞∞∞∞∞∞∞∞∞∞∞∞∞

SCÈNE IV.

LES MÊMES, LE MARQUIS DE CARACOLI, blessé, ramené par LE CHEVALIER et par LE PRINCE, qui le soutiennent.

TOUS.
Ah! quelle pâleur est la sienne!
Hélas! il se soutient à peine.
LE PRINCE.
Grâce au ciel! il respire encor!
CARACOLI.
Ah! ze souis fini!... ze souis mort!
LE MARQUIS, au chevalier.
Quel est-il? répondez? de grâce!
LE CHEVALIER.
Un étranger de noble race.
LE PRINCE.
Le marquis de Caracoli!
CARACOLI.
Ah! ze souis mort!... ze souis fini!
LA MARQUISE.
Où Son Altesse souffre-t-elle?
CARACOLI.
J'ai le pied brisé.
CAGLIOSTRO, à la marquise.
Ce n'est rien!
CARACOLI.
Le bras fracassé.
CAGLIOSTRO, de même.
Ce n'est rien.
CARACOLI, portant la main à sa tête.
Ze sens se troubler ma cervelle!
CAGLIOSTRO, de même.
C'est plus grave... Je le vois bien!
Car la commotion fut telle
Que l'épanchement au cerveau
Est immanquable!...
CÉCILE.
Ah! quel malheur nouveau!
LE MARQUIS, bas à Cagliostro.
Sa perte alors...
CAGLIOSTRO.
Est imminente!

CAGLIOSTRO,

OPÉRA-COMIQUE EN TROIS ACTES,

Paroles de MM. SCRIBE et DE SAINT-GEORGES,

MUSIQUE DE M. AD. ADAM;

Représenté pour la première fois, à Paris, sur le théâtre royal de l'Opéra-Comique, le 10 février 1844.

Personnages.   *Acteurs.*

LE COMTE DE CAGLIOSTRO................................ M. CHOLLET.
LA MARQUISE DOUAIRIÈRE DE VOLMÉRANGE. .... Mme BOULANGER.
CÉCILE, sa petite-fille................................ Mme HENRI POTIER.
LE CHEVALIER DE SAINT-LUC, neveu de la marquise.......... M. MOCKER.
LA CORILLA, cantatrice........................... Mme ANNA THILLON.
TOMASSI, paysan calabrais, sous le nom de CARACOLI.......... M. HENRI.
LE PRINCE DE VOLBERG .... M. GRIGNON.

La scène se passe, aux premier et troisième actes, à Versailles, dans les salons de la marquise; et au deuxième acte, à Paris, chez le comte de Cagliostro.

ACTE PREMIER.

Le théâtre représente un salon. Il y a une matinée chez la marquise de Volmérange. Elle tient une gazette à la main. Cécile, sa petite-fille, est assise auprès d'elle. Le prince tient un écheveau de soie qu'elle dévide. D'autres dames et seigneurs de la cour sont groupés çà et là dans le salon.

SCÈNE I.

LA MARQUISE, CÉCILE, LE PRINCE, DAMES ET SEIGNEURS DE LA COUR.

LA MARQUISE, lisant la gazette.
« Un nouveau miracle authentique,
» Une guérison magnifique
» Du célèbre Cagliostro!
» Grâce au fluide magnétique
» Un commandeur paralytique
» Vient de danser le fandango ! »
PLUSIEURS PERSONNES entre elles, à gauche.
C'est absurde !
    LA MARQUISE.
      C'est admirable !
    LE PRINCE.
C'est un grand homme !

PLUSIEURS PERSONNES, à gauche.
      Un charlatan !
    LE PRINCE.
De tout au monde il est capable.
    CÉCILE, à la marquise.
Ah ! le prince est son courtisan !
    LA MARQUISE.
Comme lui je suis fanatique.
    LE PRINCE, à ceux qui l'entourent.
Et de son art presque magique.
Votre esprit serait convaincu,
Si comme moi vous l'aviez vu !

    PREMIER COUPLET.

Rien ne résiste à son génie ;
Il sait guérir de tous les maux,
Par les plantes, les minéraux,
Le magnétisme et l'alchimie !

Par un art plus profond encor,
En se jouant il fait de l'or !
Mais dans sa bienfaisance,
Gardant l'incognito,
A sa voix la souffrance
Disparaît subito.
Et voilà la science
Du grand Cagliostro !
                TOUS.
A sa voix la souffrance
Disparaît subito,
Et voilà la science
Du grand Cagliostro !

            DEUXIÈME COUPLET.

            LE PRINCE.
Les philtres que son art compose
Conservent la force à nos jours,
La même constance aux amours,
La même fraîcheur à la rose !
(A la marquise.)
Je lui connais un elixir
Qui tout à coup fait rajeunir !
Et cette eau de Jouvence
Du premier numéro
Vous ramène en enfance
Lorsqu'on en boit trop !
Et voilà la science
Du grand Cagliostro !
                TOUS.
On revient en enfance
Lorsque l'on en boit trop,
Et voilà la science
Du grand Cagliostro !

~~~~~~~~~~~~~~~~~~~~~~~~~~~~~~~~~~~

            SCÈNE II.

LES MÊMES, LE CHEVALIER DE SAINT-LUC, entrant en riant.

            LE CHEVALIER.
Ah ! l'aventure est trop plaisante !
            LA MARQUISE.
C'est mon neveu le chevalier...
Qu'a-t-il donc ?
            LE CHEVALIER.
            Laissez-moi, ma tante,
Rire d'un trait si singulier !...
Ce grand Cagliostro, qui fit votre conquête...
            LE PRINCE, vivement et se levant.
Le chevalier, esprit fort et railleur,
Est connu pour son détracteur !
            LE CHEVALIER.
Et vous pour son séide !... Eh bien ! donc, ce prophète,
Ce grand Lama, ce dieu qui donne des trésors,
Je l'ai vu de mes yeux saisi par des recors !

            LA MARQUISE.
Impossible !
            LE CHEVALIER.
            Arrêté pour dettes,
Comme un simple particulier.
            LE PRINCE.
Lui, des dettes !
            LE CHEVALIER.
            Qu'il avait faites,
Et qu'il ne pouvait pas payer !
            LA MARQUISE.
Vous n'y pensez pas, chevalier !
            LE CHEVALIER.
Je l'ai vu ! je l'ai vu !

            TROISIÈME COUPLET.
C'est un docteur des plus habiles !
Qui, sur nous, levant des impôts,
Fabrique de l'or pour les sots,
Avec l'argent des imbéciles !...
Oui, chez lui les trésors viendront
Tant que les autres en auront !
La fourbe et l'ignorance
Lui serviront d'écho !
Mais, au fond, sa puissance
Se réduit à zéro !
Et voilà la science
Du grand Cagliostro !
                TOUS.
Quoi ! voilà la science
Du grand Cagliostro !
            LA MARQUISE et LE PRINCE.
L'aventure est étrange.
            LE CHEVALIER.
C'est lui, votre héros,
Qu'une lettre de change
Retient sous les barreaux.
            LA MARQUISE et LE PRINCE.
Non, non, c'est une erreur, je pense !
            LE CHEVALIER.
Que des huissiers il brave la puissance,
Et je vais, subito,
Proclamer la science
Du grand Cagliostro !

~~~~~~~~~~~~~~~~~~~~~~~~~~~~~~~~~~~

            SCÈNE III.

LES MÊMES, UN DOMESTIQUE, puis LE COMTE CAGLIOSTRO.

LE DOMESTIQUE, ouvrant la porte du fond et annonçant à haute voix.
Le comte Cagliostro !
(Cagliostro salue la marquise et toutes les dames.)
            LE PRINCE.
C'est vous, monsieur le comte !... (Regardant le chevalier.) On prétendait que vous veniez d'être arrêté !

ACTE I, SCÈNE IV.

LA MARQUISE, à un de ses gens.
Hé! vite! hé! vite! un médecin!
Courez!
LE CHEVALIER.
Y pensez-vous, ma tante!
Quand vous avez là, sous la main,
Celui qui sauverait d'un mot le genre humain!
CAGLIOSTRO.
Moi!
LE CHEVALIER.
Vous!
(Avec ironie.)
Allons! allons!
Avec deux ou trois mots,
Vous guérirez ses maux!
C'est un heureux hasard!
Déployez tout votre art...
Chacun de vous attend
Un miracle éclatant.
Allons! allons!
Nous attendons...
TOUS à Cagliostro.
Allons! allons!
CAGLIOSTRO, avec embarras.
Mais, pris à l'improviste...
Sans être préparé...
LE CHEVALIER, avec ironie.
Quoi! devant le péril,
Ce grand docteur, ce savant alchimiste,
De son talent douterait-il?
LE MARQUIS, LE PRINCE et LE CHŒUR.
O ciel! hésiterait-il!
CAGLIOSTRO, à Caracoli, lui présentant une petite boîte.
Si monseigneur pourtant veut se résoudre
A respirer un peu de cette poudre...
(Montrant Caracoli.)
Voyez comme soudain ses effets sont puissans,
La vie et la chaleur vont ranimer ses sens!
CARACOLI.
O ciel!
CAGLIOSTRO, le magnétisant toujours.
Silence!
TOUS, avec anxiété.
Eh! bien?
CARACOLI.
Mon cerveau se dégage.
Ze renais!...
(Remuant la main, puis le bras.)
De mon bras ze retrouve l'usage!
(Se frottant la poitrine.)
D'un bien-être inconnu mon cœur est réjoui!
CAGLIOSTRO, avec enthousiasme.
Levez-vous, monseigneur, car vous êtes guéri!
(Caracoli se lève vivement et tout le monde pousse un cri.)
TOUS.
Honneur! honneur! au savant Cagliostro!

CARACOLI, étonné.
Que dites-vous? le comte de Cagliostro!
Mais c'est un ange, un Dio bien piu tosto!
Ah! zour heureux! ô vue enchanteresse,
Ah! sur mon cœur souffrez que ze vuds presse.
Et de ce bras reconnaissant
Que ze dois à votre talent!

ENSEMBLE.

CAGLIOSTRO.

Grâce, je vous prie,
Pour ma modestie;
Mon humble génie
Est vraiment honteux.
Mais à votre vue,
L'envie est vaincue,
Et mon âme émue
En rend grâce aux Dieux!

CARACOLI et LE CHŒUR.

Vive la magie!
Vive l'alchimie!
Honneur au génie
Inspiré des dieux!
Pour lui dans nos rues
Dressons des statues,
Et portons aux nues
Son nom glorieux!

LE CHEVALIER.

Malgré sa magie
Et son alchimie,
Pour moi son génie
Est encor douteux.
Je veux qu'à leur vue,
Par moi soit vaincue
La fourbe inconnue
Qui trompe leurs yeux!

CAGLIOSTRO, bas à la marquise, montrant Caracoli.
A sortir loin qu'il se hasarde,
Qu'il reste en votre hôtel...
LA MARQUISE.
Oui, certes, je le garde!
Jusqu'à ce soir...
CARACOLI.
Et même ze le sens,
Quelques vins généreux, quelques mets succulens,
Ne me déplairaient pas...
(Geste de colère de Cagliostro.)
Si telle est l'ordonnance...
LE PRINCE, à Cagliostro.
Il faut que je vous parle ici quelques instans!
CÉCILE, bas à Cagliostro.
Ah! daignez m'accorder un instant d'audience...
Tout à l'heure au jardin!
LA MARQUISE, bas à Cagliostro.
Tout à l'heure au salon!
CAGLIOSTRO, à part, les regardant tous trois. [bon!
Tout le monde à la fois!... C'est bon! c'est bon, c'est

REPRISE DE L'ENSEMBLE.

CAGLIOSTRO.
Grâce, je vous prie,
Pour ma modestie, etc.
TOUS.
Vive la magie !
Vive l'alchimie ! etc.
LE CHEVALIER.
Malgré sa magie
Et son alchimie, etc.

SCÈNE V.

CAGLIOSTRO, CARACOLI, se carrant dans un fauteuil d'un air triomphant.

Eh bien ! mio maestro ?
CAGLIOSTRO, regardant si tout le monde est sorti.
Silence !
CARACOLI.
Êtes-vi content ?
CAGLIOSTRO, vivement et à voix basse.
Oui, excepté les vins généreux et les mets succulens qui étaient superflus.
CARACOLI.
Je les trouve, moi, très nécessaires.
CAGLIOSTRO.
Silence, te dis-je !... Je t'ai fait rester jusqu'à ce soir dans la maison, pour que tu puisses tout voir et tout entendre... Il y a ici une dot d'un million à toucher.
CARACOLI.
Capisco !... ma la grand'mère ?
CAGLIOSTRO.
Est déjà gagnée.
CARACOLI.
Et la zeune personne ?
CAGLIOSTRO.
Je n'en désespère pas.
CARACOLI.
Si vi y parvenez... ze me prosterne, ô maestro !
CAGLIOSTRO.
Nous n'avons à craindre que le chevalier de Saint-Luc, son cousin, jeune seigneur riche et maître de sa fortune... Il adore sa cousine.
CARACOLI.
C'est fâcheux per vous... per un mari.
CAGLIOSTRO.
Peu m'importe !... mais il me déteste et peut me perdre... Il faut le prévenir.
CARACOLI.
Et comment ?
CAGLIOSTRO.
Il y a quelque intrigue sous jeu... Une lettre qu'on lui remettait avec mystère au moment où il entrait à l'hôtel... Je l'ai vue... une lettre qu'il a refusé de montrer.
CARACOLI.
A quel sujet ?
CAGLIOSTRO.
C'est à toi de le savoir... en observant.
CARACOLI.
C'est-à-dire, en regardant et en écoutant.
CAGLIOSTRO.
Tu n'es ici que pour cela... On vient.
CARACOLI.
Est-ce lui ?
CAGLIOSTRO.
Non ! le prince bavarois, grand seigneur millionnaire, qui se jetterait pour moi dans le feu.
CARACOLI.
Si vi pouviez l'y faire fondre en lingot d'or per nos créanciers qui commencent à se montrer.
CAGLIOSTRO.
Qui te dit que je n'y ai pas déjà pensé ?
CARACOLI, à voix haute.
O grand homme !

SCÈNE VI.

LES MÊMES, LE PRINCE.

LE PRINCE.
Oui, grand homme !... Et d'après ce que j'ai vu, tout lui est possible !
CAGLIOSTRO.
Vous vous exagérez quelques résultats, dus au hasard plus qu'à la science !
LE PRINCE.
Je peux parler sans crainte devant monsieur qui vous doit la vie... et moi, je viens vous demander bien plus encore... oui... plus que la vie !...
CARACOLI.
Vi m'étonnez !... car ze connais peu de choses piu indispensables et piu utiles per vivre.
LE PRINCE.
J'ai un nom, de la naissance..... je ne suis pas mal...
CARACOLI.
Vi êtes très bien !
LE PRINCE.
Je suis un des plus riches seigneurs de la Bavière, et, de plus, amoureux à en perdre la tête d'une personne qui ne m'aime pas et se moque de moi !
CAGLIOSTRO.
Ce n'est pas naturel !
CARACOLI.
Il y a un sort !
LE PRINCE.
C'est ce qu'il me semble !... Et ne pourrait-on pas combattre ce sort ?

ACTE I, SCÈNE VI.

CAGLIOSTRO.
Je vous ai dit que tout était possible.

LE PRINCE, avec transport.
Ah! tout ce que je possède est à vous!

CAGLIOSTRO.
Quelle est cette personne?

LE PRINCE, vivement.
Ce qu'elle est!... charmante, adorable!... Rien que d'en parler, le cœur me bat, et la fièvre me rend... Voyez plutôt...

CARACOLI.
Pauvre prince!

CAGLIOSTRO.
Je vous demande qui elle est?

LE PRINCE.
Une fée, une magicienne, une sorcière!...

CAGLIOSTRO.
Mais son rang? une comtesse, une marquise?

LE PRINCE.
Si ce n'était que cela, je n'aurais pas besoin de vous.

CAGLIOSTRO.
O ciel! une princesse?

LE PRINCE.
Bien plus encore!...... une reine, une déesse... la diva Corilla, la première cantatrice de l'Italie!

CAGLIOSTRO.
Pardon! pardon... absent du pays depuis cinq ans, je ne connais pas!...

CARACOLI.
Ze counais pas davantage!

LE PRINCE.
Vous ne connaissez pas la Corilla?... la prima donna de San Carlo!... c'est là où je l'ai vue et entendue pour la première fois... Depuis, elle a été à Venise et à Milan... je l'y ai suivie et admirée de loin, et toujours aux premières loges... Elle est depuis quelques jours à Paris... voilà pourquoi je suis venu en France... et comme elle doit bientôt partir pour Vienne, je m'apprête à voyager en Allemagne... C'est ainsi que j'aurai fait mon tour d'Europe.

CAGLIOSTRO.
Et elle ne vous aime pas?

LE PRINCE.
Non, monsieur le comte.

CARACOLI.
Elle veut que vi l'épousiez!

LE PRINCE.
Je le lui ai proposé... et elle refuse!

CAGLIOSTRO, étonné.
Votre main et votre fortune?

LE PRINCE.
Oui, monsieur!

CAGLIOSTRO.
Oh! ce n'est pas une cantatrice comme une autre.

LE PRINCE.
Je le crois bien... Une froideur, une indifférence... Voilà pourquoi ce n'est pas trop de vos philtres les plus rares, les plus précieux... N'épargnez rien... Si, avec ma fortune, dont je ne sais que faire, j'achète le bonheur qui me manque, c'est tout bénéfice... (Se mettant à la table.) Et un mot de moi sur mon banquier... Que vous faut-il? dix, vingt mille livres?

CAGLIOSTRO.
C'est trop! c'est trop... la moitié suffira... d'abord... plus tard, nous verrons!

LE PRINCE, avec ivresse.
Elle m'aimera donc, elle m'aimera donc bien?

CAGLIOSTRO.
Pas tout de suite... ni trop vivement... Il ne faut jamais de doses trop fortes, surtout en amour, qui demande au contraire à être pris peu et souvent.

LE PRINCE.
Qu'elle commence par ne plus me haïr et par me supporter... voilà tout ce que je demande.

CAGLIOSTRO.
Nous y arriverons... Vous me présenterez à elle...

LE PRINCE.
Elle passe toute la journée à Paris... elle me l'a dit, et ne veut recevoir personne... C'est pour cela que je suis venu à Versailles, faire ma cour au roi et au cardinal de Rohan, à qui j'ai un service à demander!

CAGLIOSTRO.
Pour vous?

LE PRINCE.
Non, pour elle! toujours pour elle!...

CAGLIOSTRO.
C'est bien... A demain, donc!... et bientôt, je l'espère, je vous remettrai cette fiole! Silence! (Un domestique entre par la porte à gauche, et s'adressant à Caracoli:)

LE DOMESTIQUE.
Madame a fait préparer pour monsieur le marquis une collation dans la pièce à côté.

CARACOLI, vivement.
Z'y vais!

CAGLIOSTRO, bas.
Et observe toujours!

CARACOLI, bas.
A zeun je suis mauvais observateur... ma, dès que z'aurai manzé...

LE DOMESTIQUE, à Cagliostro.
Madame la marquise prie monsieur le comte de l'attendre ici, dans une demi-heure.
(Le domestique sort.)

CAGLIOSTRO.
Oui, certes! (A part.) Et sa petite-fille qui m'attend au jardin... J'y cours... Il faut de l'ordre dans ses rendez-vous... (Au prince.) Adieu, monseigneur, dès demain... dès aujourd'hui même, cela ira mieux, je vous le promets...
(Il sort par la porte du fond, et Caracoli par la porte à gauche.

SCÈNE VII.

LE PRINCE, seul.

Cela ira mieux, dit-il... Je n'ose y croire encore... et cependant, il est si habile, il produit des effets si étonnans, que s'il veut employer en ma faveur cette puissance sympathique et attractive dont il parlait...

SCÈNE VIII.

LE PRINCE, CORILLA, entrant par la porte à gauche.

LE PRINCE, poussant un cri.
Dieu! c'est elle! c'est Corilla!
CORILLA, étonnée.
Le prince!
LE PRINCE.
Vous, qui d'aujourd'hui ne deviez pas quitter Versailles...
CORILLA.
Vous l'avez dit!
LE PRINCE.
Ici, dans l'hôtel de la marquise de Volmérange, où vous veniez pour moi?
CORILLA, souriant.
Vous vous trompez!
LE PRINCE.
Allons donc!... qui pourrait vous amener chez la marquise, que vous ne connaissez pas?
CORILLA.
C'est mon secret!... Je déteste les gens curieux... et vous êtes toujours là, devant moi, comme un point d'interrogation.
LE PRINCE, galamment.
Vous voulez dire d'admiration!
CORILLA.
C'est mieux!... Eh bien! monsieur, je venais étudier les modes de la cour, moi, étrangère, qui n'ai encore pris ni la poudre, ni les mouches... Mais vous-même, pourquoi me surprendre à Versailles? Qu'y venez-vous faire?
LE PRINCE.
Solliciter pour vous et appuyer de nouveau auprès du cardinal de Rohan la demande que vous avez adressée à la cour de Rome... Vous, Corilla, avoir des affaires avec le saint-siège... qu'est-ce que ce peut être?
CORILLA, sévèrement.
C'est mon secret!
LE PRINCE.
C'est juste, c'est juste... je me tais... Plus qu'un mot seulement... sur une affaire personnelle...
CORILLA.
Soit! si vous vous dépêchez.
LE PRINCE.
Dites-moi... si aujourd'hui, dans ce moment, ma présence vous impatiente comme à l'ordinaire.
CORILLA.
Pas autant!
LE PRINCE.
Bravo! ça commence!... Et si malgré vous bientôt peut-être, vous alliez m'aimer... Hein? vous en seriez bien étonnée...
CORILLA, gaîment.
Moi! ma foi non!

CAVATINE.

C'est un caprice
Qui rend propice
La cantatrice
Au cœur changeant!
Sachez attendre
Un aveu tendre
Qui peut dépendre
D'un seul instant!
Vous êtes le plus estimable
De tous les princes bavarois;
Je devrais vous trouver aimable,
Et je le voudrais quelquefois...
Oui, oui, je le voudrais...
Mais... mais...
C'est un caprice
Qui rend proprice, etc.

Maintenant, partez, laissez-moi
Seule en ces lieux! je le désire...
Comment, vous hésitez, je croi
Vous osez demander pourquoi?
Pourquoi? pourquoi?
(Le prince salue et s'éloigne.)
C'est bien! c'est bien! vous comprenez.
(A part, le regardant s'éloigner.)
Ah! vraiment, tant d'obéissance
Me touche le cœur!...
(Haut.)
Revenez!
(Le prince accourt auprès d'elle.)
Je vous dois une récompense.
Lui tendant sa main à baiser.)
Tenez! monsieur, tenez! tenez!
(Le prince porte vivement la main de Corilla à ses lèvres.)
Vous le voyez!
C'est un caprice
Qui rend propice
La cantatrice
Au cœur changeant!
Et maintenant
Partez... oui, partez sur-le-champ!
(Le prince sort par le fond.)

SCÈNE IX.

CORILLA, seule, puis LE CHEVALIER.

CORILLA.

Oui, certes, il mériterait d'être aimé, si la raison pouvait compter pour quelque chose en amour ! (Apercevant le chevalier qui entre par la porte à droite.) Ah ! vous voilà, chevalier !

LE CHEVALIER, d'un air effrayé.

Corilla !

CORILLA.

Après la lettre qui vous prévenait de ma visite, il me semble qu'elle ne devrait pas vous étonner...

LE CHEVALIER.

Si vraiment... car je vous avais répondu sur-le-champ à l'hôtel où vous deviez descendre... que c'était moi qui, ce soir, irais vous trouver.

CORILLA.

Et pourquoi ?

SCÈNE X.

LES MÊMES, CARACOLI, ouvrant la porte à gauche.

CARACOLI, apercevant le chevalier.

Ah ! notre chevalier en tête-à-tête avec une jolie dame qui n'est pas sa cousine... Ascoltiamo !

(Il rentre dans le cabinet.)

CORILLA, continuant de causer avec le chevalier.

Eh ! oui, sans doute, monsieur, pourquoi ?

LE CHEVALIER.

Parce que dans cet hôtel, où je demeure avec ma tante, ma grand'tante, la douairière de Volmérange...

CORILLA, riant.

Celle qui eut autrefois à la cour une si grande réputation de beauté et de coquetterie... Elle ne saurait être l'ennemie des amours... et ne peut vous blâmer d'employer votre jeunesse comme elle a employé la sienne.

LE CHEVALIER, avec embarras.

Mais, au contraire... elle est sévère maintenant pour tout le temps...

CORILLA, riant.

Où elle ne l'a pas été... Cela fait bien de l'arriéré... Mais que vous importe, à vous, que votre fortune et votre position rendent indépendant... Et puis, il faudra bien qu'un jour ou l'autre vous me présentiez à ma nouvelle famille.

LE CHEVALIER.

O ciel ! que voulez-vous dire ?

CORILLA.

Que bientôt, je l'espère, il n'y aura plus d'obstacle... Oui, monsieur, lorsque votre père vous a envoyé en Italie, pour former votre jeunesse... et que vous avez commencé par vous jeter dans le Tibre, pour me sauver, moi, pauvre fille, qui allais me noyer par désespoir... quand vous vous êtes mis, après cela, à m'adorer et à vouloir m'épouser...

LE CHEVALIER.

Corilla !

CORILLA.

Ah ! je n'ai rien oublié... ni vos serments, ni les miens... ceux de nous aimer toujours... dans la misère comme dans la fortune... malgré le temps, malgré l'absence, malgré les séductions... et elles ne m'ont pas manqué, je vous prie de le croire !... Mes succès m'ont entourée d'adorateurs que j'ai tous repoussés... tous, je te le jure... Tu étais mon premier amour, et j'y suis restée fidèle... Moi, d'abord, j'ai toujours été bizarre et originale... Vous le savez mieux que personne, monsieur, puisque, malgré vos instances, j'ai refusé votre main, tant qu'a vécu votre père.

LE CHEVALIER.

C'est vrai !

CORILLA.

C'était là un obstacle... de votre côté... et peut-être du mien y en avait-il aussi !

LE CHEVALIER.

Et lesquels ?

CORILLA.

Je ne vous en ai jamais parlé... parce qu'alors ils étaient invincibles... mais bientôt, je l'espère, ils n'existeront plus... Demain, après-demain peut-être, j'en aurai l'assurance !

LE CHEVALIER.

En vérité, Corilla, je ne vous comprends pas...

CORILLA.

Et vous n'avez besoin de rien comprendre... sinon que je vous aime... et que je suis venue en France, non pour y briller, comme vos journaux le supposent... mais pour vous revoir et pour vous dire : Tu m'aimais quand je n'avais rien... et maintenant que j'ai gloire, fortune et renommée, je te les dois et je te les apporte !

LE CHEVALIER, avec embarras.

Ah ! que de reconnaissance !... et comment m'acquitter... Mais il faut que je vous voie, que je vous parle sur de nouveaux embarras, bien légers sans doute, suscités par...

CORILLA.

Par qui ? par votre grand'tante ?... Vous ne lui devez rien, que des respects et des petits-neveux... et si vous n'osez lui avouer la vérité... je m'en charge... J'ai là vos lettres, vos bagues, vos cheveux, votre promesse de mariage... J'ai tout gardé, jusqu'au poignard que vous m'avez permis de vous plonger dans le cœur, si vous m'étiez infidèle... J'expliquerai à madame la marquise la valeur de tous ces gages... Elle la comprendra, j'en suis sûre... ne fût-ce que de souvenir... et je vous apporte son consentement.

LE CHEVALIER.

Oui, oui, mais pas aujourd'hui... car il faut éviter le bruit et le scandale... et elle a chez elle une nombreuse réunion qui doit ignorer nos affaires de famille...

CORILLA.

C'est juste! Et quand on me donne de bonnes raisons...

LE CHEVALIER.

Demain donc, demain, j'irai vous retrouver à Paris... et d'ici là, je me serai décidé à avoir du caractère, et à prendre un parti.

CORILLA.

A merveille!... je retourne à mon hôtel, aux *Armes de France*, reprendre ma voiture.

LE CHEVALIER.

Oui, oui, partez!

CORILLA.

Eh bien! monsieur, vous ne m'embrassez pas?

LE CHEVALIER.

Si, vraiment!... (Il l'embrasse et s'arrête.) Dieu! j'avais cru entendre...

CORILLA.

Votre grand'tante!..... Prenez garde, chevalier... (D'un ton tragique.) je vais devenir jalouse... et me servir contre elle du poignard qui vous était destiné... (Gaîment.) Adieu, mon ami, à demain! (Elle sort par le fond.)

SCÈNE XI.

LE CHEVALIER, seul.

Grâce au ciel! elle s'éloigne!... Plus aimable et plus jolie, s'il est possible... qu'au temps où je l'aimais... Oui, quand je l'aimais... car je suis encore à m'expliquer comment il s'est fait que peu à peu, depuis trois ans, je ne l'aime plus.

RÉCITATIF.

Qu'ai-je dit! quel blasphème! ah! je l'aime toujours!
Mais il en est une autre, hélas! qui m'est plus chère,
Un amour pur, véritable, sincère!
Et pour lequel je donnerais mes jours!

ROMANCE.

PREMIER COUPLET.

Léger par goût et par système,
D'amour chaque jour je changeais,
Mon cœur séduit n'est plus le même...
Cécile, je t'ai vue... et j'aime
Pour jamais,
Oui, pour jamais!

DEUXIÈME COUPLET.

Adieu, beautés au cœur volage,
Adieu, j'ai brisé vos filets,
Grâce à l'amour, je deviens sage,
J'aime Cécile et je m'engage
Pour jamais,
Oui, pour jamais!

Ah! c'est ma tante! Allons! pas de temps à perdre pour faire ma demande...

SCÈNE XII.

LE CHEVALIER, LA MARQUISE.

LA MARQUISE, sortant de la porte à droite et à la cantonade.

Je n'y suis pour personne... (Se retournant avec impatience.) Ah! c'est vous, chevalier!

LE CHEVALIER.

Je vous retiendrai à peine quelques minutes... Je ne vous dirai pas qu'une alliance entre ma cousine et moi réunirait les biens de nos deux maisons, que la volonté de mon père, que les convenances, que tout s'accorde en faveur de ce mariage... mais je vous avouerai que j'aime Cécile, que je ne puis vivre sans elle... et je viens, madame la marquise, vous demander de vouloir bien m'accorder la main de votre petite-fille!

LA MARQUISE.

Je ne puis répondre à ce brusque aveu, sans avoir consulté Cécile... et je vous demande...

LE CHEVALIER.

Ah! tout le temps que vous voudrez... mais ce soir, ma tante, ce soir, je vous en supplie...

LA MARQUISE.

Soit!

LE CHEVALIER.

Vous me permettrez donc de revenir vous présenter mes hommages?

(Il lui baise la main et sort par la droite.)

SCÈNE XIII.

LA MARQUISE, CAGLIOSTRO, entrant par la porte du fond.

CAGLIOSTRO.

Enfin, me voici libre et tout à vous, madame!

LA MARQUISE, indiquant la porte à gauche.

Silence! Voyez à cette porte!

(Elle va, pendant ce temps, regarder à la porte à droite.)

CAGLIOSTRO, entr'ouvrant la porte à gauche et apercevant Caracoli, lui dit à demi-voix:

Ah! tu es toujours là?

CARACOLI, de même.

Le rival a fait sa demande officielle... Je l'ai entendu et bien d'autres choses encore !

CAGLIOSTRO, vivement, poussant la porte.

C'est bien ; écoute et sois à ta réplique.

LA MARQUISE, revenant.

Nous sommes seuls !... personne ?...

CAGLIOSTRO.

Personne !...

LA MARQUISE.

Ne peut venir nous interrompre ?...

CAGLIOSTRO, à part.

Per dio ! qu'est-ce que cela signifie ?

LA MARQUISE.

Veuillez vous asseoir près de moi... plus près...

CAGLIOSTRO, s'asseyant, à part.

Est-ce que je serais voué aux grandes aventures !

LA MARQUISE.

Monsieur le comte, vos talents et votre mérite...

CAGLIOSTRO, à part.

Je crains d'en avoir trop !

LA MARQUISE.

M'ont inspiré une confiance dont je vais vous donner la plus grande de toutes les preuves.

CAGLIOSTRO, à part.

Ceci devient effrayant !

LA MARQUISE.

Le rang et la fortune que je possède, ma position à la cour, ne m'empêchent pas d'être la plus malheureuse des femmes... et je donnerais à l'instant tout ce que j'ai... pour ce que je n'ai plus...

CAGLIOSTRO.

Que voulez-vous dire, madame ?

LA MARQUISE.

Telle que vous me voyez, monsieur le comte, j'ai été adorée, courtisée ; le feu roi lui-même et toute sa cour ont été à mes pieds... Enfin, j'ai eu la jeunesse la plus brillante, la plus folle, la plus enivrante... et cette jeunesse je l'ai fait durer, je puis le dire, aussi long-temps que possible..... Mais enfin, l'on a beau faire... il vient un moment où l'on est obligé de l'abandonner... c'est celui où décidément...

CAGLIOSTRO.

Elle vous abandonne !

LA MARQUISE.

Vous l'avez dit... C'est elle qui a commencé... et depuis, je ne l'ai jamais revue... mais jamais aussi je n'ai cessé d'y penser et de la regretter... il n'y a pas de nuit où je ne me retrouve en rêve devant une glace... avec mes attraits et ma fraîcheur de dix-huit ans... ou bien, je me vois entrer dans les salons de Versailles... dans un bal à la cour !...

CAGLIOSTRO.

En grande toilette ?

LA MARQUISE.

Au contraire !... en robe de gaze... les bras nus et une rose dans les cheveux... et de tous les coins de la salle s'élèvent des exclamations de surprise, d'amour, d'envie... murmures enivrans qui, par malheur ! me réveillent et me désespèrent..... Eh bien ! monsieur le comte, eh bien ! dites-moi... n'y aurait-il pas moyen de faire de mon rêve une réalité ?

CAGLIOSTRO.

Quoi ! c'est cela que vous me demandez ?

LA MARQUISE.

Répondez-moi, de grâce !

CAGLIOSTRO, à part.

Ma foi, il faut tout risquer !

LA MARQUISE.

Cela est-il possible ?

CAGLIOSTRO, avec aplomb.

Oui, madame !

LA MARQUISE, poussant un cri.

Ah ! je vous crois !... car le cœur me bat déjà comme à quinze ans ! il les a...

CAGLIOSTRO.

Le difficile maintenant est que tout le reste revienne au même âge... et pour y parvenir...

LA MARQUISE.

Vous avez dit que cela était possible !

CAGLIOSTRO.

Eh ! sans doute !... mais je dois vous parler avec franchise...

LA MARQUISE.

Il le faut !

CAGLIOSTRO.

Si je tente une pareille entreprise...

LA MARQUISE.

Eh bien !

CAGLIOSTRO.

Quel en sera le prix ?

LA MARQUISE.

Je vous l'ai dit... tout ce que je possède... toute ma fortune !

CAGLIOSTRO.

La fortune, j'y tiens peu !... car je puis, si j'en prends la peine, éclipser tous vos fermiers-généraux.

LA MARQUISE.

C'est vrai !

CAGLIOSTRO.

Quant aux titres et aux honneurs, croyez-vous que roi ou ministre les refuse à celui qui peut prolonger leurs jours et leur pouvoir ?

LA MARQUISE.

C'est vrai ! que puis-je donc pour vous ?

CAGLIOSTRO.

Je vais vous le dire... J'ai vu mademoiselle Cécile, votre petite-fille... Elle a seize ans... elle est charmante, elle ressemble à ce que vous étiez autrefois... ou plutôt à ce que vous allez être... c'est vous dire, madame la marquise, que je n'ai pu la voir sans l'aimer !

LA MARQUISE.
O ciel !
CAGLIOSTRO.
Nommez-moi votre gendre... et je fais pour vous, ma belle-mère, ce que je ne ferais pour personne au monde.. et je vous donne à la fois la plus grande preuve de mon amour et de mon désintéressement... Car vous faire rétrograder jusqu'à seize ans... c'est vous dire assez que je ne compte pas sur votre succession !
LA MARQUISE.
Oui, oui, vous avez raison... mais mon neveu qui à l'instant même vient de me demander sa cousine en mariage...
CAGLIOSTRO.
Et vous avez promis ?
LA MARQUISE.
Rien encore... mais, ce soir, il doit venir chercher ma réponse.
CAGLIOSTRO.
Je me retire, madame !
LA MARQUISE.
Non, non... restez !
CAGLIOSTRO, avec ironie.
Si votre neveu vous aime assez peu pour immoler vos beaux jours aux siens !
LA MARQUISE, vivement.
Ah ! vous dites vrai... je ne laisserai pas sacrifier par ma famille !
CAGLIOSTRO, à part.
Je l'emporte !
LA MARQUISE.
A une condition... c'est que vous me donnerez à l'instant cette eau merveilleuse !
CAGLIOSTRO, à part.
Diavolo ! (Haut.) A l'instant, ce serait difficile... car il faut composer cet élixir... et je ne l'obtiens qu'avec le suc des plantes rares cueillies par moi-même, au péril de ma vie, sur la cime des plus hautes montagnes du globe... Hier encore j'en avais sur moi un flacon...
LA MARQUISE, avec impatience.
Eh bien !
CAGLIOSTRO.
J'en ai disposé en faveur d'un vieil ami de quatre-vingt-dix-huit ans... un enfant que j'ai vu naître... un fou, un étourdi, qui a vidé d'un seul trait le flacon que j'ai là !...
LA MARQUISE.
Vous l'avez encore ?
CAGLIOSTRO, tirant un flacon de sa poche.
Oui, madame, il l'a bu jusqu'à la dernière goutte... (Le regardant.) Non, il en reste encore une ou deux.
LA MARQUISE.
Ah ! donnez-les-moi, de grâce !
CAGLIOSTRO.
A quoi bon ?... Il y aurait là à peine de quoi

vous rajeunir dix minutes ou un quart d'heure
LA MARQUISE.
C'est toujours un à-compte !
CAGLIOSTRO.
Ou plutôt un regret... Les roses revenues u instant sur votre visage, ne tarderaient pas à disparaître... J'aime mieux vous distiller à loisir pou un siècle de fraîcheur et de beauté... Cela est plu durable !
LA MARQUISE.
Sans contredit... Mais cela n'empêche pas. Je vous en prie, je vous en supplie... Laissez-me tenter cette épreuve... Je n'en veux pas d'autre... Après, je consens à tout !
CAGLIOSTRO, souriant.
C'est de la folie ! c'est de l'enfance !
LA MARQUISE.
C'est possible !... Mais quand on est si près d' revenir...
CAGLIOSTRO.
C'est juste, et je me rends... Voyez seulemen si personne ne peut nous surprendre !
(La marquise va regarder en dehors, à la porte à droit et à la porte du fond, elle les ferme en dedans a verrou. Cagliostro, pendant ce temps, s'est approch de la porte à gauche que Caracoli vient d'entr'ouvrir.

DUO.

CAGLIOSTRO, bas à Caracoli.
Tu nous entends ?
CARACOLI, à voix basse.
Si signor !
CAGLIOSTRO, de même.
Eh bien, donc !
Attention !
(Regardant autour de lui, pendant que Caracoli ferm la porte.)
Dans ce salon
Point de trumeau, point de perfide glace..
(Apercevant un petit miroir sur la table à droite.
Si vraiment, ce miroir...
(Il ouvre la fenêtre à gauche et le jette.)
LA MARQUISE, revenant, à Cagliostro.
Que faites-vous, de grâce
CAGLIOSTRO.
Je regardais... Personne à moi ne vient s'offrir ! Nul indiscret ne peut à présent nous trahir ?
LA MARQUISE.
Non, non, personne, et prudemment sur nous,
(Allant fermer la porte à gauche.).
Formons ces derniers verroux !

ENSEMBLE.

LA MARQUISE, avec émotion.
D'espoir et de surprise
Je tressaille, et j'ai peur
Qu'en mes mains ne se brise
Ce cristal enchanteur !

ACTE I, SCÈNE XIV.

O liqueur douce et bonne,
Quoi ! pour quelques instans,
Tu vas rendre à l'automne,
Les roses du printemps !

CAGLIOSTRO.
D'espoir et de surprise
Elle tremble, elle a peur
Qu'en ses mains ne se brise
Ce cristal enchanteur...
Oui, oui, je vous le donne,
Et pour quelques instans,
Il va rendre à l'automne
Les roses du printemps.

LA MARQUISE, à Cagliostro d'une voix tremblante.
Donnez ! donnez !

CAGLIOSTRO, lui remettant le flacon.
Le voici !
(La marquise avale les dernières gouttes du flacon.)

CAGLIOSTRO, d'un air satisfait.
Eh bien ? eh bien ?

LA MARQUISE.
Un miroir, un miroir !
Donnez, je veux me voir !
Je veux me reconnaître !
(Cherchant sur la table.)
Mon miroir ! mon miroir !
Eh bien ! où peut-il être ?
Mon miroir ! mon miroir !

CAGLIOSTRO, cherchant à la calmer.
Silence ! on peut nous entendre !

LA MARQUISE.
Qu'importe !

CARACOLI, frappant à la porte en dehors.
Ouvrez, de grâce !

LA MARQUISE.
Eh ! mais, on frappe à cette porte !

CARACOLI.
C'est moi... moi !

LA MARQUISE.
Le marquis !

CARACOLI, entrant, et regardant la marquise.
O ciel ! que vois-je là !
Quelle est cette jeune fille ?

LA MARQUISE, poussant un cri de joie.
Ah !

CARACOLI.
Mais, qui donc êtes-vous ?

LA MARQUISE riant.
Monseigneur, qui m'admire...

CAGLIOSTRO.
Ne vous reconnaît pas !

LA MARQUISE, avec joie.
Oui, vraiment, je le vois...

CAGLIOSTRO, en riant, à Caracoli.
C'est la marquise !

CARACOLI.
Allons, vous voulez rire !

LA MARQUISE.
C'est bien moi !
(Avec exaltation.)
C'est moi ! c'est moi !

ENSEMBLE.

LA MARQUISE.
Mon sang s'agite
Et court plus vite ;
Flamme subite
Brûle mes sens !
Ah ! quelle ivresse
Enchanteresse !
C'est la jeunesse,
C'est le printemps !

Plaisirs et fêtes,
Riches toilettes,
Douces conquêtes,
Tendres amans !
Que sous ma chaîne
Vite on revienne,
Car je suis reine ;
Oui, j'ai quinze ans !

CAGLIOSTRO et CARACOLI.
Son cœur palpite
Et bat plus vite ;
Flamme subite
Brûle ses sens !
Ah ! quelle ivresse
Enchanteresse !
C'est la jeunesse,
C'est le printemps !

Plaisirs et fêtes,
Riches toilettes,
Douces conquêtes,
Tendres amans !
Que sous sa chaîne
Vite on revienne,
Car elle est reine ;
Elle a quinze ans !

SCÈNE XIV.

LES MÊMES, LE PRINCE.
(On frappe à la porte.)

LA MARQUISE.
On a frappé !

CARACOLI, allant ouvrir au prince qui paraît.
Venez partager ma surprise,
(Montrant Cagliostro.)
Son art a rajeuni madame la marquise,
Vous ne la reconnaîtrez pas !
Elle est superbe !
(S'avançant avec le prince vers la marquise, assise dans un fauteuil et qui s'évente avec grâce.)
O ciel ! ô nouvelle surprise !

CAGLIOSTRO, à la marquise en tirant sa montre.
Ah! le quart d'heure expire, hélas!
CARACOLI, consterné.
Ce n'est plus elle!
LE PRINCE, avec bonhomie.
Elle est toujours la même!
LA MARQUISE, avec douleur.
Déjà! déjà!
CARACOLI, au prince.
Pourtant, j'ai vu...
LA MARQUISE, au prince.
Lui-même a vu...
CARACOLI.
Son printemps fugitif un instant revenu!
LE PRINCE.
O miracle! et j'arrive, hélas! à l'instant même
Où ce nouveau printemps vient de s'évanouir!
CAGLIOSTRO, à la marquise, à mi-voix.
Mais bientôt il peut revenir!
LE PRINCE, montrant Cagliostro.
Oui, grâce à son talent suprême...

CARACOLI.
Vous pourrez le revoir!
LA MARQUISE, avec exaltation.
Je pourrai le revoir,
Ah! rien qu'à cet espoir...

REPRISE DE L'ENSEMBLE.

LA MARQUISE.
Mon sang s'agite
Et court plus vite, etc.
CARACOLI, LE PRINCE et CAGLIOSTRO.
Son cœur palpite
Et bat plus vite, etc.

(La marquise va pour sortir, au moment où paraît le chevalier, qui s'avance vers elle pour lui demander sa réponse; la marquise fait signe à Cagliostro de compter sur sa promesse, et s'éloigne en entraînant le chevalier, tandis que le prince regarde avec admiration Cagliostro qui fait signe à Caracoli de sortir avec lui.)

ACTE DEUXIÈME.

Le théâtre représente le laboratoire de Cagliostro, à Paris. Porte au fond. Deux portes latérales. A droite et à gauche, des instrumens de physique et d'alchimie, des alambics, des cornues.

SCÈNE I.

CARACOLI, sortant de la porte à gauche et parlant à la cantonade.

Si, maestro, si... je vais tout préparer dans votre laboratoire...

COUPLETS.

PREMIER COUPLET.
Là, des machines pneumatiques
Vous ravissent le souffle et l'air...
Là, des appareils électriques
Font jaillir la foudre et l'éclair!
Là, c'est un tabac narcotique
Qui m'endormit encore hier!
Et je suis, en bon catholique,
Tenté de dire mon *Pater!*
Car, cet endroit, qu'en son grimoire,
Il nomme son laboratoire,
Me semble à moi, le fait est clair,
Une antichambre de l'enfer!

DEUXIÈME COUPLET.
J'estime beaucoup la science
Les alambics et les fourneaux...
Mais seul, je n'ose, par prudence,
Rester dans ces lieux infernaux!
Partout des piéges et des trappes
Vous descendent chez Lucifer...

Et je suis, craignant leurs soupapes,
Tenté de dire mon *Pater!*
Car, cet endroit, qu'en son grimoire,
Il nomme son laboratoire,
Me semble à moi, le fait est clair,
Une antichambre de l'enfer!

SCÈNE II.

CARACOLI, CAGLIOSTRO, entrant par la gauche.

CAGLIOSTRO, tenant des papiers à la main, apercevant Caracoli.

Ah! c'est toi!... Tiens, voilà mes instructions pour aujourd'hui... et de peur de gaucherie, tout y est indiqué et tracé heure par heure..

CARACOLI.
Siete sicuro!... ma, quand ferons-nous de l'o

CAGLIOSTRO.
Est-ce que ça ne commence pas?... est-ce que déjà nous n'avons pas battu monnaie?... Un b de dix mille livres, payable ici, à Paris, sur banquier du prince bavarois... un million de à toucher ce soir... et mieux que tout cela... réputation et un crédit assurés... n'est-ce pas de l'or en barre?

ACTE II, SCÈNE III.

CARACOLI.
Per vous! ma, per moi!...

CAGLIOSTRO.
Je te trouve plaisant!... Comment! paysan calabrais et barbier de village, je t'admets, vu ton intelligence, à l'insigne honneur de m'accommoder... je te confie cette tête savante qui renferme tant de trésors...

CARACOLI.
E vero!

CAGLIOSTRO.
Trésors que chaque jour je remets entre tes mains!

CARACOLI.
Et qu'est-ce qui m'en reste?... qu'est-ce que z'y gagne?

CAGLIOSTRO.
Ce que tu y gagnes, ingrat! Hier déjà, ne t'ai-je pas créé marquis de Caracoli... et fait reconnaître pour tel par la plus brillante société de Versailles?... Te voilà un rang... un titre...

CARACOLI.
E vero! ma, le solide?

CAGLIOSTRO.
Ne t'ai-je pas donné, pour remplir ce rôle, un costume élégant et complet... que je dois... et qui t'appartient?... des bagues en diamans?

CARACOLI.
Qui sont faux!

CAGLIOSTRO.
Et pour jouer le marquis, l'homme comme il faut, qui nécessairement doit avoir la vue basse.. ce lorgnon en or, cette chaîne en or... véritable.

CARACOLI.
Ça, ze ne dis pas non!... C'est la seule gratification que z'aie reçue de vous.

CAGLIOSTRO, avec indignation.
Une gratification!... tu veux dire un à-compte... un faible à-compte sur l'immense fortune qui m'attend, et que je partagerai, dès qu'elle sera faite, avec mon ami le Calabrais, Tomasso Caracoli... s'il me sert fidèlement... car s'il me trahissait, je lui ai prouvé que j'ai le moyen de le punir.

CARACOLI.
Si, si maestro... vi êtes puissant, ze le sais... vi avez des secrets terribles... Ze vous ai vu... (Montrant une machine pneumatique.) tuer un oiseau et le rendre à la vie... (Montrant une pile de volta.) avec celle-ci, faire s'agiter et danser des morts... et moi-même, avec d'excellent tabac d'Espagne, m'endormir jusqu'au lendemain, sans me dire : Dieu vous bénisse!

CAGLIOSTRO.
Sommeil qu'il m'eût été facile de faire durer!

CARACOLI.
Ad eternum!... Aussi, z'ai toujours peur dans ce séjour de sorcellerie!

CAGLIOSTRO.
J'y attends ce matin madame la marquise, sa petite-fille et le prince Bavarois!... Ah! dis-moi, tu as rempli mon message auprès de la Corilla?

CARACOLI.
Si signor!... Elle ne voulait pas croire que son amant le chevalier loui fût infidèle, et voulût en épouser une autre!... Povera! elle a été comme une lionne, quand ze loui ai dit: Si vous en voulez la preuve, trouvez-vous à deux heures, à Paris, rue Saint-Claude, chez le comte de Cagliostro... entrez par l'escalier dérobé... que ze loui ai désigné... et dès que vi serez dans la première pièce... (Montrant la porte à gauche.) celle-ci, vi frapperez trois coups et attendrez!

CAGLIOSTRO.
A merveille!... elle viendra ici?

CARACOLI.
A deux heures!

CAGLIOSTRO.
Et dès qu'elle sera dans cette pièce, elle frappera...

CARACOLI.
Trois coups... per annoncer sa présence!

CAGLIOSTRO.
Le reste me regarde!.. va à tes courses... en commençant par notre somnambule, qui nous est indispensable pour la séance de ce soir!

CARACOLI, montrant le papier qu'il tient.
C'est sur la note, et ze la préviendrai!

CAGLIOSTRO.
Ah! étourdi que j'étais!... et ce bon qu'il faut toucher avant tout, chez le banquier du prince, place Royale... C'est à deux pas d'ici... va et reviens avec cette somme en or... Entends-tu? en or.

CARACOLI.
Oui, maëstro... avant une demi-heure, ze serai revenu! (Il sort par le fond.)

○○

SCÈNE III.

CAGLIOSTRO, seul.

CANTABILE.

Fortune inconstante et légère,
Dont les pas semblaient fuir les miens,
Coquette, vous avez beau faire,
J'ai su vous saisir... je vous tiens!
Je vous tiens!
Je vous tiens!

A Londre on siffle la magie,
A Madrid j'ai dû me cacher!
Et j'ai vu, même en Italie,
Briller les flammes du bûcher!
Mais à Paris...
Fortune inconstante et légère,
Dont les pas semblaient fuir les miens!

Coquette, vous avez beau faire,
J'ai su vous saisir... je vous tiens!
  Je vous tiens!
  Je vous tiens!

CAVATINE.

O cité frivole,
Elégante et folle,
Qui changes d'idole
A tous les instans...
Du moindre empirique,
Toujours fanatique,
O terre classique
Reçois mon encens!

Charlatans, mes confrères,
S'il vous faut des compères
Parmi les beaux esprits,
En rabats, comme en jupes,
Si vous voulez des dupes,
Venez tous à Paris!

O cité frivole,
Elégante et folle,
Qui changes d'idole
A tous les instans...
Du moindre empirique
Toujours fanatique,
O terre classique,
Reçois mon encens!

Femmes jeunes et belles,
Pour tromper un jaloux,
Gentilles demoiselles,
Pour avoir un époux!
Accourez! accourez!
  Entrez!

Coquettes surannées,
Vieux fat à recrépir,
Qui voulez des années,
De l'or et du plaisir!
  Vous voulez de l'or,
  Donnez-en d'abord!
  A ce prix, entrez! entrez!
  Accourez!

O cité frivole,
Elégante et folle,
Qui changes d'idole
A tous les instans...
Du moindre empirique
Toujours fanatique,
Reçois mon encens,
Oui, de toi je raffole!
La Seine est le Pactole
Pour tous les charlatans!

SCÈNE IV.

CAGLIOSTRO, LA MARQUISE, CÉCILE, LE PRINCE.

CAGLIOSTRO.
Venez donc, mon prince... venez, madame la marquise, je pensais à vous à l'instant même!
LE PRINCE.
Je vous en remercie!
CAGLIOSTRO.
Votre Altesse est trop bonne... (Bas à la marquise.) Avez-vous dit à la charmante Cécile?
LA MARQUISE, bas.
Pas encore!
CAGLIOSTRO, de même.
Et le chevalier?
LA MARQUISE, de même.
Lui seul est prévenu!... (Haut et regardant autour d'elle.) C'est donc ici votre laboratoire!
CÉCILE.
On éprouve en entrant une émotion...
LE PRINCE.
Ou plutôt on y respire un air scientifique!
LA MARQUISE.
Dont le seul contact vous rendrait savante... il me semble que je le suis déjà... Qu'est-ce que c'est que ce rouet, ce tourniquet?
CAGLIOSTRO.
Une machine électrique!
LA MARQUISE.
Et ces globes, ces théières, ces verroteries?
CAGLIOSTRO.
Des alambics, des cornues, des instrumens de chimie!
LA MARQUISE.
Vous nous ferez jouer tout cela... vous nous l'avez promis... en commençant par nous faire de l'or!
LE PRINCE.
Là! devant nous!
LA MARQUISE.
C'est à quoi je tiens le plus... je donnerai mille pistoles pour voir faire un grain d'or!
CAGLIOSTRO.
Qu'à cela ne tienne... (A part.) Et ce Caracol qui doit m'en apporter et qui ne revient pas!
LA MARQUISE.
Commençons! commençons!
CAGLIOSTRO.
A l'instant même... mais je dois d'abord remettre à monseigneur une fiole qu'il m'a demandée.
LA MARQUISE.
Un instant... (A demi-voix.) et la mienne?...
CAGLIOSTRO.
Je m'en occupe... et ce sera mon présent de noce.

LE PRINCE, à qui Cagliostro a donné une fiole.
Quoi! vraiment! ce philtre, cet élixir... (A voix basse.) Et pour me faire aimer?...
CAGLIOSTRO, bas.
Il suffira de quelques gouttes chaque jour!...
(Regardant le prince qui a vidé le flacon.) Eh bien! que faites-vous?...
LE PRINCE.
Je veux que l'on m'adore!
LA MARQUISE, apercevant Caracoli qui entre par la porte du fond.
M. le marquis Caracoli!...
CAGLIOSTRO, à part.
Enfin!
LE PRINCE.
Arrive bien à point pour la séance!
CAGLIOSTRO.
Oui, mesdames... car nous allons commencer!

SCÈNE V.

LES MÊMES, CARACOLI.

(Sur la ritournelle du morceau suivant, Cagliostro s'approche de la table à gauche et tire un ressort, une trappe s'ouvre à quelques pas de la table, et l'on voit s'élever de dessous terre un fourneau où du feu est déjà allumé. Cagliostro, aidé de Caracoli, apporte ce fourneau sur le devant du théâtre, à gauche et près d'une autre table où sont des fioles et des instrumens de physique; puis il prend un soufflet et active le feu. Tout cela s'est fait sur la ritournelle du morceau de musique.)

QUINTETTE.

CAGLIOSTRO.
O flamme qu'Epicure
Adorait comme un Dieu!
Car tout dans la nature
Est créé par le feu!
TOUS.
Quoi! tout dans la nature
Est créé par le feu?
CAGLIOSTRO.
D'un volcan sans cratère
Les immenses fourneaux
Dans le sein de la terre
Enfantent les métaux!
TOUS.
Dans le sein de la terre
Enfantent les métaux.
LE PRINCE, regardant dans le fourneau.
Je ne vois encor rien paraître.
CAGLIOSTRO.
Il faut bien que l'œuvre ait son cours.
(Lui remettant le soufflet.)
Soufflez, prince, soufflez toujours!

CAGLIOSTRO.

LA MARQUISE et CÉCILE.
Oui, soufflez donc, soufflez toujours!
(Les deux femmes sont à droite près du fourneau qu'elles regardent, et le prince continue à souffler. Pendant ce temps, Cagliostro est passé à gauche et prend à part Caracoli.)
CAGLIOSTRO, bas à Caracoli.
Ce bon?
CARACOLI, de même.
Chez le banquier, je l'ai touché mon maître!
CAGLIOSTRO, de même.
Donne!
CARACOLI, fouillant dans sa poche.
Avec l'escompte et l'appoint,
Je vous l'apporte, et rien n'y manque!
(Il lui glisse dans la main un portefeuille.)
CAGLIOSTRO, avec impatience.
Et de l'or?
CARACOLI.
Il n'en avait point!
(Naïvement.)
Mais c'est en bons billets de banque!
C'est tout comme!
CAGLIOSTRO, à part, avec colère.
Tout est perdu!
CARACOLI, montrant les deux dames et le prince qui sont près du fourneau.
Eh! mais, que font-ils donc?...
LA MARQUISE, avec emphase.
De l'or!
CARACOLI.
De l'or!
(A voix basse à Cagliostro.)
Tant mieux, vous en aurez!
(Il court auprès d'eux.)
LA MARQUISE et CÉCILE, regardant.
Non! non!

ENSEMBLE.

TOUS LES QUATRE.
A mes yeux avides
Rien ne s'offre encor...
Souffleurs intrépides
Redoublons d'effort!
Quel secret prospère
Pour tous les états,
Si chacun peut faire
De l'or ici-bas!
CAGLIOSTRO, avec impatience.
A leurs yeux avides
Rien ne s'offre encor...
Badauds intrépides
Il leur faut de l'or!
Quelle est ma misère
Et mon embarras!
Et comment en faire
Quand on n'en a pas!

LA MARQUISE, à Caracoli, montrant Cagliostro.
Oui vraiment, ce grand alchimiste
Va faire l'épreuve à nos yeux !
CARACOLI, allant à Cagliostro.
Ainsi donc le secret existe ?
De le voir ze souis curieux.
LE PRINCE, à droite, poussant un cri.
Grand Dieu !
LES DEUX FEMMES, vivement.
Quoi donc ?
LE PRINCE.
J'aperçois quelque chose !
LES DEUX FEMMES, s'approchant.
Ciel !
CARACOLI, de même.
Déjà !
CAGLIOSTRO, avec sang-froid.
Ce doit être à bien petite dose !
CÉCILE, regardant.
Moi, je ne vois que du charbon !
CARACOLI, regardant avec son lorgnon qu'il tient à la main.
Moi de même !
LA MARQUISE, LE PRINCE et CÉCILE.
Non ! non ! non !

REPRISE DE L'ENSEMBLE.

TOUS LES QUATRE, à droite.
A mes yeux avides
Rien ne s'offre encor, etc.
CAGLIOSTRO, seul à gauche.
A leurs yeux avides
Rien ne s'offre encor, etc.

(Caracoli pose sur la table à gauche, et pour prendre un soufflet, le lorgnon et la chaîne qu'il tenait à la main. Pendant qu'il souffle, Cagliostro, qui était seul à gauche, s'approche de la table ; il aperçoit le lorgnon et la chaîne laissés par Caracoli, il les saisit vivement sans être vu des autres, qui sont à l'extrême droite du théâtre.)

CAGLIOSTRO, jetant le lorgnon et la chaîne dans le fourneau.
Soudaine et dernière espérance
Qu'à mes yeux le sort vient offrir !
LA MARQUISE, s'approchant de Cagliostro, qui est devant le fourneau et qui a repris le soufflet.
Ah ! faites que cela commence,
D'honneur je n'y puis plus tenir !
LE PRINCE.
Ni moi non plus !
CAGLIOSTRO.
Ah ! patience !
Il faut bien que l'œuvre ait son cours !
(Lui remettant le soufflet.)
Soufflez, prince, soufflez toujours !
LE PRINCE.
Maintenant cette flamme ardente
Ferait dissoudre en un instant
Le cuivre et le fer...
CAGLIOSTRO, avec joie.
Vraiment !
L'œuvre s'avance alors !
(Il jette une pincée de colophane qui fait jaillir la flamme.)
Cette poudre puissante
Doit l'achever !
LE PRINCE, s'approchant du fourneau.
Ah ! cette fois, voyez,
Sur ces charbons torréfiés,
Briller ce métal jaune !...
LA MARQUISE, voulant y porter la main.
Est-il vrai !
CAGLIOSTRO.
Prenez garde !
Ce métal est brûlant !
LA MARQUISE.
Grands Dieux !
(Cagliostro a pris, avec de petites pinces d'acier, un morceau d'or qu'il lui présente.)
Donnez ! donnez !
CÉCILE et CARACOLI, auprès de la marquise.
Ah ! que je le regarde !
CAGLIOSTRO, avec d'autres pinces, présentant au prince un autre fragment d'or.
Examinez ce métal précieux !
TOUS.
O miracle !
O spectacle !
Dont mon œil doute encor.
O prestige !
O prodige !
C'est de l'or ! oui, de l'or !
O magie !
O génie !
Devant des succès tels
Tout s'efface,
Et sa place
N'est plus chez les mortels !
LE PRINCE.
Ah ! c'est vraiment sublime...
(A Caracoli, qui regarde autour de lui.)
Eh ! mais, qu'avez-vous do[nc]
CARACOLI.
Pour mieux examiner, je cherche mon lorgnon...
Et ze ne le vois pas... Il était là...
CAGLIOSTRO, passant près de lui et lui prena[nt la] main.
Silence !
LE PRINCE, qui l'entend.
Comment ! Que dites-vous ?
CAGLIOSTRO.
Je dis
Qu'une semblable expérience
Ne peut se faire qu'entre amis...
Je réclame avant tout, mesdames, du silence

LA MARQUISE.
...s doute!... Mais...
(A part.)
J'en veux instruire tout Paris.
LE PRINCE, de même.
, j'en veux, pour ma part, instruire tout Paris.

REPRISE DE L'ENSEMBLE.

O miracle!
O spectacle!
Dont mon œil doute encor, etc.

SCÈNE IV.

MÊMES, LE CHEVALIER, paraissant à la porte du fond.

LE PRINCE.
...onsieur le chevalier en ces lieux!
LE CHEVALIER, à Cagliostro.
...ne m'attendais pas à vous trouver en si nom-
...se compagnie... mais peu importe!... Vous
...savez tout, monsieur, vous connaissez sans
...le motif qui m'a fait quitter Versailles et
...m'amène ici à Paris... chez vous!...
CAGLIOSTRO.
...crois le deviner.
LE CHEVALIER.
...bien?
CAGLIOSTRO.
...s que vous le voudrez, monsieur le chevalier,
...rai à vos ordres.
LA MARQUISE, vivement.
...n neveu!... messieurs, je ne le souffrirai pas!
CÉCILE.
...is qu'est-ce donc? Qu'y a-t-il?
LE CHEVALIER.
... quoi, ma cousine, ignorez-vous donc qu'on
...sacrifie, que votre main est promise à mon-
...!
CÉCILE, avec effroi.
...main! jamais!
LA MARQUISE.
...ment! quand je le veux!...
CÉCILE.
...s quand vous savez que j'aime le chevalier!
LE CHEVALIER, à Cagliostro.
...s entendez, monsieur!...
CAGLIOSTRO, avec sang-froid.
...faitement!... mais si mademoiselle se trom-
(Mouvement de Cécile.) Eh! mon Dieu! nos
...ens d'hier sont-ils toujours ceux d'aujour-
... et si vous changiez d'idée!...
CÉCILE, avec fierté.
...sieur!...

CAGLIOSTRO.
Si demain, si dans un instant vous cessiez d'ai-
mer votre cousin?
CÉCILE, vivement.
Jamais! jamais!
(En ce moment on frappe trois coups dans la main, à la porte à droite.)

MORCEAU D'ENSEMBLE.

CAGLIOSTRO.
Écoutez!
LA MARQUISE.
Qu'est-ce donc?
LE PRINCE.
Quel nouvel incident?
CAGLIOSTRO, à Cécile.
Nous vous protégeons tous, et rien ne vous menace!
Eh bien! daignez entrer dans cet appartement,
Cinq minutes...
CÉCILE, étonnée.
Comment!
CAGLIOSTRO.
Il ne m'en faut pas tant
Pour que de votre cœur un vain amour s'efface.
LE CHEVALIER.
Quoi! Cécile!
CÉCILE, au chevalier.
Ne craignez rien...
Pour le confondre enfin...
(Haut.)
J'accepte et je reviens.
(Elle entre dans la chambre à droite.)
LE CHEVALIER.
Ah! grand Dieu! je n'y comprends rien!

SCÈNE VII.

LES MÊMES, excepté CÉCILE.

ENSEMBLE.

LE PRINCE, LA MARQUISE, CARACOLI.
Cette fois, à sa science
Je n'ose me fier,
Et je crains la puissance
De son démon familier.
Il ne peut rien sur les âmes,
Et ne peut faire en un cœur
Succéder aux vives flammes
Le dédain et la froideur!

LE CHEVALIER.
Quelle est donc cette puissance
Dont il croit nous effrayer?
Moi, je ris de la science
De ce prétendu sorcier,
Et pourtant, au fond de l'âme,
Je ne sais quelle terreur

M'avertit de quelque trame
Qui menace mon bonheur.
CAGLIOSTRO, montrant le chevalier.
Il doutait de ma science,
Il osait me défier !
Il connaîtra la puissance
De mon démon familier...
Car il règne sur les âmes,
Et vous verrez dans son cœur
Succéder aux vives flammes
Le dédain et la froideur.

SCÈNE VIII.

LES MÊMES, CÉCILE, sortant de la porte à droite, pâle et se soutenant à peine.

LE CHEVALIER.
Grand Dieu ! dans ses traits quel changement soudain !
(Courant à elle.)
Cécile !
CÉCILE, froidement.
Laissez-moi !
(Se retournant vers Cagliostro.)
Monsieur, voici ma main !
TOUS.
O ciel !

ENSEMBLE.

LE PRINCE, LA MARQUISE, CARACOLI.
Quelle est donc cette puissance
Qui soumet le monde entier ?
Devant pareille science
Il faut bien s'humilier !
(Montrant Cécile.)
De l'amour la vive flamme
S'est éteinte dans son cœur,
Et fait place dans son âme
Aux dédains, à la froideur !

CÉCILE.
Je croyais à sa constance,
Et pouvais tout défier ;
Il me trahit et m'offense,
J'ai juré de l'oublier !
C'en est fait, indigne flamme !
Soyez éteinte en mon cœur...
Et faites place en mon âme
Au mépris, à la froideur !

LE CHEVALIER.
Je croyais à sa constance,
Et pouvais tout défier !
Adieu, trompeuse espérance !
Adieu, mon espoir dernier !
De l'amour la douce flamme
S'est éteinte dans son cœur,
Et fait place dans son âme
Aux dédains, à la froideur !

CAGLIOSTRO.
L'on doutait de ma science,
On osait de me défier !
Vous voyez que ma puissance
S'étend sur le monde entier !
Oui, je règne sur les âmes,
Et fais, dans un tendre cœur,
Succéder aux vives flammes
Le dédain et la froideur !

(Cécile accepte la main que lui offre Cagliostro, et sort avec lui par la porte à gauche, suivie du prince et de la marquise. Caracoli, à qui Cagliostro a fait signe, sort par la porte à droite. Le chevalier reste seul en scène.)

SCÈNE IX.

LE CHEVALIER, seul.

Je ne puis en revenir ! et demeure anéanti sous ce coup imprévu, que ma raison ne peut expliquer ni comprendre... Croirais-je comme eux aux philtres et à la magie.... Allons donc, c'est impossible ! (S'élançant avec colère vers le cabinet gauche.) et, quel que soit le danger, je connaîtrai le démon familier de cet homme ! Dieu ! Corilla

SCÈNE X.

LE CHEVALIER, CORILLA.

CORILLA, s'avançant vers le chevalier.
Elle-même, perfide !... Et les seuls talismans dont je me suis servie, sont les bagues, boucles de cheveux, lettres d'amour et promesse de mariage que je lui ai montrées !...
LE CHEVALIER.
C'est fait de moi, je suis perdu !
CORILLA.
J'y compte bien !... mais cela ne suffit pas à ma vengeance... Et ce poignard qu'à la première trahison tu m'as permis de te plonger dans le cœur...
LE CHEVALIER.
Je te le permets encore !... je te le demande
CORILLA.
Que veux-tu dire ?
LE CHEVALIER.
Que c'est maintenant mon seul vœu, mon seul désir...
CORILLA.
O traître ! s'il en est ainsi, je m'en garderai bien !
LE CHEVALIER.
Frappe, te dis-je..... je l'ai mérité..... car je l'aime comme je t'ai aimée, Corilla.... c'est tout dire !

CORILLA.

Tais-toi !

LE CHEVALIER.

Avec passion ! avec folie... et dans ces momens-[là,] sans hésiter, sans réfléchir, on donnerait pour [ce] que l'on aime son sang, sa vie !... Tu t'en [sou]viens !

CORILLA, détournant la tête.

Tais-toi ! tais-toi !

LE CHEVALIER.

Non, je ne me tairai pas !... parce que je suis [cou]pable... parce que l'amour que je t'avais juré, [et] que tu méritais si bien, malgré moi et sans le [vou]loir, je l'ai éprouvé pour une autre.

CORILLA.

Eh bien ! monsieur, voilà ce qu'il fallait m'a[vou]er ce matin, franchement, loyalement !... On [ne] trompe pas les gens... on leur dit en ami : [Éc]oute, je t'ai aimée, je t'ai adorée, je ne t'aime [pa]s !... et toi ? — Moi !... dame ! pas encore !... [ma]is je tâcherai... je verrai, et ne fût-ce que par [dé]pit... je jure bien que... Enfin, c'est mon [aff]aire, ça me regarde !... Mais voilà comme on [se] conduit, quand on a du cœur et des sentimens !

LE CHEVALIER, avec attendrissement.

Et le moyen ?... car lorsque je t'entends parler [ain]si, l'émotion, le remords, le souvenir... Il me [sem]ble que je t'aime encore !

CORILLA.

Ah ! je suis désarmée !... et voilà toute ma co[lèr]e qui s'en va !

LE CHEVALIER, avec passion.

Oui, Corilla, je te le jure !

CORILLA, lui faisant signe de la main.

Assez, assez !... n'allons pas de nouveau nous [trom]per !... nous ne pourrions plus nous y re[con]naître... Adieu, monsieur !

LE CHEVALIER.

Corilla !

CORILLA.

Vous avez été bien cruel pour moi... mais il y [a en]tre nous un lien que rien ne peut rompre... [vou]s m'avez sauvé la vie... et cela je ne l'oublie[rai] jamais... Je ne serai donc plus que votre amie, [vot]re dévouée !

LE CHEVALIER.

Qui viens de renverser toutes mes espérances !

CORILLA.

C'est vrai !

LE CHEVALIER.

[D]e livrer Cécile à mon rival !

CORILLA.

C'est vrai ! Mais tous mes torts, je veux les ré[par]er !

LE CHEVALIER.

Et comment cela ?... quand nous avons affaire [au] plus savant, au plus habile des charlatans..... [au] comte Cagliostro... L'avez-vous vu ? le connais[sez]-vous ?...

CORILLA.

Non ; mais il a ses prôneurs, ses alliés... nous aurons les nôtres... Il faudrait d'abord circonvenir un certain marquis de Caracoli, son ami, son confident intime !

LE CHEVALIER.

Le marquis !... du tout !... Cagliostro ne le connaît que depuis hier !

CORILLA.

Depuis hier !... détrompez-vous !... j'ai la preuve du contraire... C'est lui que le comte m'a envoyé secrètement hier pour me prévenir et m'amener ici !

LE CHEVALIER.

Serait-il possible !

CORILLA.

Vous concevez qu'on ne charge pas un inconnu d'une mission aussi délicate !

LE CHEVALIER.

C'est clair ! ils sont d'intelligence ! Nous voilà sur la trace... Ah ! ma chère Corilla !

(Il lui baise les mains avec transport.)

CORILLA, vivement.

Ne vous occupez donc pas de mes mains, monsieur, ce sont des détails inutiles !... Il s'agit de retrouver cet homme et de le forcer à parler !... (On frappe à la porte à droite.) Silence ! on frappe à cette porte !

SCÈNE XI.

LES MÊMES, CARACOLI.

CARACOLI, en dehors.

Puis-je entrer ?

LE CHEVALIER, à demi-voix.

C'est lui !

CORILLA.

Entrez !... (Au chevalier, lui indiquant le fond du théâtre et lui faisant signe de se placer derrière la machine électrique.) Placez-vous là et laissez-moi faire !

CARACOLI, entrant.

Pardon, signora ! j'ai aperçu en bas votre voiture... et ne vi trouvant pas dans cette pièce... ze venais...

CORILLA.

J'attendais ici, comme nous en sommes convenus, le comte Cagliostro qui ne vient pas... mais vous qui êtes son ami, son ancien ami... vous me l'avez dit, je crois !

CARACOLI.

J'ai cet insigne honneur !... ami d'enfance !

LE CHEVALIER, passant près de Caracoli.

Un ami d'enfance !

CARACOLI, effrayé.

Le chevalier !

LE CHEVALIER.

Un ami d'enfance... qu'hier, chez ma tante, vous ne connaissiez pas !

CARACOLI, à part.

Diavolo !

LE CHEVALIER.

Et cette guérison miraculeuse pourrait faire supposer que vous étiez le compère d'un fourbe, d'un intrigant, dont la justice aura bientôt raison.....

CARACOLI, troublé.

Comment?

CORILLA, montrant Caracoli.

Oui, si j'ai bonne mémoire..... j'ai vu cette figure-là à Florence ou à Naples...

CARACOLI, de même.

Chez qui?

CORILLA.

Derrière une voiture... Et prendre un faux titre est chose grave en ce pays!

LE CHEVALIER.

Il n'en faudrait pas tant pour être pendu!

CARACOLI, effrayé.

Pendu!

CORILLA, d'un ton railleur.

Ce serait désagréable!... et tout bien considéré, je crois que monsieur le marquis aimera mieux être des nôtres.

CARACOLI.

Vi croyez, signora?... Eh bien! moi aussi je commence à penser comme vous.

LE CHEVALIER.

Eh bien! donc, voici mes conditions... J'avais sur moi, en cas de duel et de fuite à l'étranger... cinq cents louis...

CARACOLI, vivement.

En or?...

LE CHEVALIER.

En or!... Choisis de les prendre... ou bien!

CARACOLI, à part.

Cinq cents louis!... Mon maître il n'en a jamais fait autant!... (Au chevalier.) Ze les prends! ze les prendrai... ma que me demandez-vous?

LE CHEVALIER.

La preuve que Cagliostro, dont tu sais tous les secrets, n'est qu'un fourbe et un misérable!

CARACOLI.

Rien n'est plu facile!... J'ai sur moi des instructions écrites de sa main... (Montrant la porte à droite.) et dans ce cabinet, d'autres preuves encore...

LE CHEVALIER.

Donne toujours!

(Il prend vivement à Caracoli les papiers qu'il vient de tirer de sa poche.)

CARACOLI.

Si signor!... ma les cinq cents louis... Vi êtes trop galant homme!...

LE CHEVALIER, lui remettant une bourse.

Les voici !..... (A Corilla.) Maintenant, je me charge de Cagliostro... et je réponds qu'il n'ira pas ce soir à Versailles!... (A Caracoli.) Toi, tu t'y rendras pour attester au besoin les fourberies de ton maître...

CARACOLI.

Si signor!

CORILLA, au chevalier.

Cagliostro peut revenir... emmenez cet homme!

LE CHEVALIER, à Caracoli, l'entraînant vers le cabinet à droite.

Viens! viens! (A Corilla.) A ce soir, à Versailles!

CARACOLI, en sortant avec le chevalier.

A la grazia di Dio!

SCÈNE XII.

CORILLA, seule.

COUPLETS.

PREMIER COUPLET.

Victoire! victoire! victoire!
J'aurai fait son bonheur!
Oui, j'aurai cette gloire...
Mais un autre a son cœur!
Contre sa perfidie
Qui me poursuit toujours,
Amour, coquetterie,
Venez à mon secours!

DEUXIÈME COUPLET.

Victoire! victoire! victoire!
Je me sens déjà mieux!
Bannissons sa mémoire,
Si du moins je le peux...
Oui, pour qu'enfin j'oublie
D'infidèles amours,
Douce coquetterie,
Venez à mon secours!

SCÈNE XIII.

CORILLA, LE PRINCE, entrant par le fond.

LE PRINCE.

Corilla!

CORILLA.

Le prince!

LE PRINCE.

Vous ne vous attendiez pas à me voir!

CORILLA.

Non... mais j'en suis charmée... car justement je pensais à vous.

LE PRINCE.

Vous pensiez à moi?

CORILLA, souriant.

Cela vous étonne?

LE PRINCE, avec émotion.

Non... car ce n'est pas votre faute... Et maintenant, vous voudriez faire autrement, vous ne pourriez pas!

CORILLA.

Et comment cela, s'il vous plaît?

ACTE II SCÈNE XIII.

LE PRINCE.

Je vais vous le dire!... Désespérant d'obtenir [vo]tre amour, je me suis adressé à un homme de [gé]nie, au comte de Cagliostro, qui m'a donné un [él]ixir...

CORILLA.

Pour vous faire aimer?

LE PRINCE, naïvement.

Oui, ça doit être encore bien peu de chose.... [ca]r je n'ai acheté qu'un seul flacon!

CORILLA.

Combien?

LE PRINCE.

Presque rien!.... dix mille livres!... Mais si ça [ne] suffit pas, demain, après-demain..... tous les [jo]urs...

CORILLA.

Mais vous vous ruinerez!

LE PRINCE.

Qu'importe!.... j'y gagne encore, si vous m'ai[me]z!

CORILLA, le regardant tendrement.

Pauvre prince!

LE PRINCE.

Que dites-vous?

CORILLA.

Rien!... Mais il y a dans son absurdité quelque [ch]ose qui m'émeut, qui me touche!

LE PRINCE, vivement.

Ça commence, vous le voyez...

CORILLA.

Non? mais ça ne me semble plus impossible!

LE PRINCE.

Quand je vous le disais!..... Vous accepteriez [do]nc maintenant ma fortune et ma main?

CORILLA.

Ah! pour ça, non!

LE PRINCE, étonné.

Comment! non!

CORILLA.

Non! (Le prince va pour sortir.) Où allez-vous?

LE PRINCE.

Acheter un autre flacon!

CORILLA, vivement.

Je vous le défends! je vous le défends!

LE PRINCE.

Je reste! je reste... puisque vous le voulez... [ma]is c'est de la tyrannie!... Quand on refuse les [ge]ns, on leur dit au moins pourquoi!

CORILLA.

C'est vrai!... Vous voulez des raisons!.. eh bien! [mo]n ami, je vais vous en donner!... Ce que je [sol]licite en ce moment à la cour de Rome... et [ce] que j'espère obtenir par le crédit du cardinal [de] Rohan, c'est la rupture d'un mariage contracté [en] Italie, par moi!

LE PRINCE.

[V]ous, mariée?

CORILLA.

A seize ans!... avec un homme qui me rendit si malheureuse, que je me précipitai dans le Tibre, dont les flots m'emportèrent... Mon mari me crut morte, et je fus sauvée comme par miracle (Baissant les yeux avec embarras.) par quelqu'un!...

LE PRINCE, vivement.

Ah! si je le connaissais!

CORILLA.

Eh bien! que feriez-vous?

LE PRINCE.

Je lui donnerais la moitié de ma fortune pour le récompenser!

CORILLA.

Rassurez-vous!... (Avec un soupir.) il a été récompensé!

LE PRINCE.

Ah! ce mariage sera rompu, je vous le jure... et alors, plus d'obstacles... vous serez à moi?

CORILLA.

Peut-être!... mais à une condition!

LE PRINCE, vivement.

Parlez!

CORILLA.

C'est que vous m'aiderez, dans l'intérêt d'un ami, à démasquer un fourbe et un imposteur...

LE PRINCE.

Eh! qui donc?

CORILLA.

Cagliostro!

LE PRINCE.

Lui! un imposteur!... Vous ne le connaissez pas!

CORILLA.

Non! mais s'il était là... si je le voyais...

LE PRINCE.

Vous seriez à l'instant, et comme tous ses ennemis, saisie de respect et d'admiration..... Eh! tenez, il est là... je vais vous présenter...

CORILLA, s'approchant de la porte à gauche, qui est restée ouverte.

Tant mieux! car je veux devant vous... (L'apercevant de loin et poussant un cri.) Ah!

LE PRINCE.

Eh bien! rien qu'à sa vue, vous voilà interdite et tremblante... Je vous le disais bien!

CORILLA, au prince.

Mon ami! mon ami!... votre fortune, votre réputation... Tremblez et prenez bien garde à vous... car malgré moi je vous aime!...

(Le prince pousse un cri.)

(Cagliostro paraît à la porte à gauche avec la marquise et Cécile. Corilla s'enfuit par la porte du fond.)

SCÈNE XIV.

Le PRINCE, CAGLIOSTRO, LA MARQUISE, CÉCILE.

LE PRINCE, à Cagliostro avec transport.
Elle m'aime ! elle m'aime !... Ah ! mon ami ! mon sauveur ! c'est inouï, c'est admirable !

LA MARQUISE.
Vous parlez de toutes les merveilles que vous venez de voir dans ses appartemens !

LE PRINCE.
Eh ! non... je parle de ce qui m'arrive (A demi-voix à Cagliostro.) Cette femme, si fière, si indifférente..... qui ne pouvait pas me souffrir..... elle m'aime !... elle vient de me le dire...

CAGLIOSTRO.
Qui ? la Corilla ?

LE PRINCE.
Et rien qu'avec un seul flacon !

CAGLIOSTRO.
Déjà !... (A part.) Diable ! c'est trop vite..... et pour ma fortune, elle n'a pas assez résisté !

LA MARQUISE.
Allons, allons, ma fille... en admirant de si belles choses, nous nous sommes oubliées... Il se fait tard... retournons à Versailles...(A Cagliostro.) Adieu, monsieur le comte, à ce soir, dans mon hôtel, nous signons le contrat..... et après le mariage !

CÉCILE.
Le mariage !

LA MARQUISE.
Eh ! oui, sans doute... le mariage !...
(La porte de droite s'ouvre et le chevalier paraît.)

SCÈNE XV.

Les MÊMES, LE CHEVALIER.

LE CHEVALIER.
Ce mariage est impossible ! (Montrant Cagliostro.) Monsieur est un fourbe, un imposteur.

CAGLIOSTRO et LE PRINCE.
Monsieur !

LE CHEVALIER.
Pas de bruit, pas d'éclat... surtout pour ces dames... car si ma tante et ma famille n'étaient pas mêlées à tout cela, c'est à la justice que je me serais d'abord adressé.

CAGLIOSTRO et LE PRINCE.
La justice !

LE CHEVALIER.
Oui, j'ai des preuves... plus que suffisantes... Laissez-moi seul avec monsieur !... et si dans une heure je ne vous apporte pas sa renonciation à la main de ma cousine, je vous permets, Cécile, de l'épouser.

LA MARQUISE.
Mais, mon neveu !... (A Cagliostro.) Mais, monsieur...

CAGLIOSTRO.
Ce n'est rien, madame la marquise, une erreur, un malentendu ! (A part.) Que diable ça veut-il dire ?... Je me sens une sueur froide !...

LE CHEVALIER, à la marquise.
Vous saurez tout, ma tante... (Au prince.) Monseigneur, veuillez accompagner ces dames.
(Le prince offre la main à la marquise et à Cécile et sort avec elles par la porte du fond qui se referme.)

SCÈNE XVI.

CAGLIOSTRO, LE CHEVALIER.

DUO.
ENSEMBLE.
(A voix basse, et se regardant l'un l'autre.)

LE CHEVALIER.
Le voilà donc en ma puissance !
A son tour, confus et surpris,
Malgré sa magique science,
Dans ses filets le voilà pris !

CAGLIOSTRO, à part.
D'où lui vient donc tant d'insolence ?
Et quel secret a-t-il surpris ?
Allons, allons, de l'assurance !
Et reprenons tous nos esprits !

CAGLIOSTRO, fièrement et relevant la tête.
J'attends avec impatience
L'objet d'un pareil entretien.

LE CHEVALIER, le raillant.
Et vous tremblez un peu, je pense !

CAGLIOSTRO.
Un honnête homme ne craint rien !

LE CHEVALIER.
Un honnête homme ! vous !...C'est le seul personnage
Que vous ne puissiez pas remplir !

CAGLIOSTRO, avec colère.
Monsieur !

LE CHEVALIER.
A la colère à quoi bon recourir.
(Sévèrement.)
J'ai le droit avec vous de tenir ce langage.
Ce prince italien, marquis Caracoli,
Qu'avec tant de succès, hier vous avez guéri...
Il est votre valet !... Je viens de tout apprendre
Par lui, qui, moyennant cinq cents louis comptans,
M'a livré vos papiers, vos projets et vos plans !

CAGLIOSTRO, troublé.
Eh quoi !

ACTE II, SCÈNE XVI.

LE CHEVALIER.
Commencez-vous enfin à me comprendre?
Messire Cagliostro! le roi des charlatans!...
(Nouveau trouble de Cagliostro.)
Eh bien! donc, si j'allais remettre à la justice
(Tirant des papiers de sa poche.)
Ces papiers que votre complice
T'a vendus?...
CAGLIOSTRO, à part.
Ah! grands dieux!
LE CHEVALIER, raillant.
Vous comprenez?
CAGLIOSTRO.
Très bien!...
Ce sont les sots qui ne comprennent rien!
LE CHEVALIER.
Mais par clémence ou par scrupule...
Et pour ne pas livrer ma tante au ridicule,
Je consens à ne pas vous perdre!
CAGLIOSTRO, avec joie.
En vérité!...
LE CHEVALIER.
Je garderai pour moi, pour ma sécurité,
Les écrits précieux... et pardonne au coupable.
CAGLIOSTRO, de même.
Est-il possible?
LE CHEVALIER.
A la condition
Qu'à l'instant vous allez écrire à cette table
Ce que je vais dicter... Vous hésitez?...
CAGLIOSTRO.
Non! non!

ENSEMBLE.

LE CHEVALIER.
Satan qui le possède,
Et qu'il implore en vain,
Ne lui peut être en aide,
Ni changer son destin!
Ruse et sorcellerie,
Venez à son secours.
Je ris de la magie
Et de ses vains détours!

CAGLIOSTRO.
Satan, viens à mon aide,
Tire-moi de ses mains!
Veux-tu donc que je cède
Des triomphes certains?...
Démons de la magie
Et des adroits détours,
Ruse, sorcellerie,
Venez à mon secours!

LE CHEVALIER, le faisant passer près de la table à gauche, où est un fauteuil.
Asseyez-vous donc...
CAGLIOSTRO, d'un air humble et sournois.
Oui, monsieur le chevalier.
(Tirant près de lui un autre fauteuil.)
Mais vous-même, je vous prie...

CAGLIOSTRO.

LE CHEVALIER, d'un air protecteur.
C'est bien!
CAGLIOSTRO.
Non, après vous!
LE CHEVALIER.
Point de cérémonie!
(Lui montrant la table.)
Vous avez là de l'encre et du papier...
Commençons!
CAGLIOSTRO.
Oui, monsieur le chevalier.
(Prenant une des tabatières qui sont sur la table, il l'ouvre, va prendre une prise, s'arrête, et se tournant vers le chevalier, il lui dit gracieusement:)
En userez-vous?
LE CHEVALIER, prenant une prise et le remerciant.
Trop bon!
(Dictant.)
« Madame la marquise...
CAGLIOSTRO, écrivant.
» Madame la marquise...
LE CHEVALIER, dictant.
» Madame la marquise,
» Je renonce à jamais à l'union promise.
CAGLIOSTRO, répétant en écrivant.
» Je renonce à jamais à l'union promise.
LE CHEVALIER, de même.
» Je vous rends!
CAGLIOSTRO, répétant.
» Je vous rends...
LE CHEVALIER, de même.
» Votre parole'
(Voyant Cagliostro qui s'arrête et jette un regard sur lui.)
Eh bien!
Qu'est-ce donc?
CAGLIOSTRO.
Ce n'est rien!
La plume va mal!
LE CHEVALIER.
Oui, c'est assez difficile
A tracer!
CAGLIOSTRO, même phrase sournoise, lui présentant de nouveau la tabatière.
Nullement, monsieur le chevalier!
Vous offrirai-je encor?
LE CHEVALIER, prenant une seconde prise.
De votre main civile,
J'accepte! Terminons.
(Achevant de dicter sans s'arrêter.)
» Et je viens vous prier
» De marier la charmante Cécile
» A son cousin le chevalier!
CAGLIOSTRO.
Pas si vite... de grâce!
(Répétant ce que vient de lui dicter le chevalier comme s'il se le rappelait mal.)
» Et je viens vous prier....

4

LE CHEVALIER, dont les yeux commencent à s'appesantir.

» Et je viens vous prier...

CAGLIOSTRO.

» De marier...

LE CHEVALIER, de même.

» De marier...

CAGLIOSTRO.

» La charmante Cécile...

LE CHEVALIER, de même.

» La charmante Cécile...

CAGLIOSTRO.

» A son cousin.

LE CHEVALIER, laissant tomber sa tête sur sa poitrine.

» Le chevalier ! »

ENSEMBLE.

LE CHEVALIER, luttant contre le sommeil qui le gagne.

Satan qui le possède,
Et qu'il implore en vain,
Ne lui peut être en aide,
Ni changer son destin...
Mon adresse infinie
Déjouera ses détours.
Ruse, sorcellerie,
Je me ris de vos tours !

CAGLIOSTRO, le regardant.

Satan, viens à mon aide,
Mon triomphe est certain ;
Son œil se ferme, il cède...
Et veut lutter en vain !
Démon de la magie
Et des excellens tours,
Je veux toute ma vie
Implorer ton secours !

LE CHEVALIER, à moitié endormi.

Signez ! signez !

CAGLIOSTRO.

Très volontiers.

LE CHEVALIER.

Donnez donc !

(Il ouvre la main et laisse tomber les papiers qu'il tenait.)

CAGLIOSTRO, les ramassant.

A moi ces papiers !...

(Regardant le chevalier qui est profondément endormi.)

Désormais soyez plus sage,
Dormez, monsieur le chevalier.

(Il tire le ressort adapté à la table, la trappe s'ébranle et descend lentement.)

Rêvez à votre mariage,
Vous n'irez pas vous marier !
Bonne nuit et bon voyage,
Pour vous je vais me marier !

(La trappe se referme. Cagliostro prend sur la table à droite son chapeau qu'il agite d'un air de triomphe et sort par la porte du fond.)

ACTE TROISIÈME.

Le théâtre représente le salon de la marquise à Versailles.

SCÈNE I.

LA MARQUISE, DES PARENS et LE NOTAIRE, assis à gauche, autour d'une table, et écoutant la lecture d'un contrat ; à droite, CÉCILE et des JEUNES FILLES ; CAGLIOSTRO, au milieu du théâtre, allant de l'un à l'autre groupe.

CHOEUR.

LA MARQUISE et CAGLIOSTRO.

Ah ! qu'elle est belle
Celle
Qui va charmer ses/mes jours.
Vermeille rose,
Eclose
De la main des amours !

CAGLIOSTRO.

Oui, j'ai su rendre
Tendre
Cette jeune beauté,
Et j'enflamme
Son âme
Par mon art enchanté.

CHOEUR.

Ah ! qu'elle est belle
Celle, etc.

LA MARQUISE, se levant, à Cécile.

Voici tous nos parens et toutes tes amies.

CÉCILE, qui a regardé autour d'elle.

Mais je n'aperçois pas mon cousin...

LA MARQUISE.

Mon neveu.

CAGLIOSTRO, froidement.

Le chevalier ne viendra pas !

CÉCILE, à part.
Grand Dieu!
LA MARQUISE.
Que s'est-il donc passé?
CAGLIOSTRO.
D'absurdes calomnies,
L'abusaient... et d'un mot, sans bruit et sans éclat,
J'ai détruit une erreur qu'il reconnaît lui-même.
Il s'excuse et s'éloigne... et, pour grâce suprême,
Il demande à ne point signer à ce contrat!
LA MARQUISE.
Je comprends... Il fait bien!...
(Se tournant à la table.)
Vous, monsieur le notaire,
Achevons cet écrit...
CAGLIOSTRO, avec joie.
Qui m'engage sa foi!
CÉCILE, à part, avec douleur.
Allons, allons, tout est fini pour moi!

ROMANCE.

Oui, je l'aimais... et le perfide
Trahit l'amour qu'il m'a juré...
Que son exemple enfin me guide,
Je l'ai juré... je l'oublierai!
Et vous, magique science,
Sur moi redoublez d'effort,
Car, malgré votre puissance,
Je crains de l'aimer encor!
(A Cagliostro qui s'est approché d'elle.)
Mais qu'alors votre magie,
Monsieur, redouble d'effort;
Car, malgré sa perfidie,
Je crains de l'aimer encor!
CAGLIOSTRO.
En vous voyant si jolie,
Pour vous redoublant d'effort,
Les amours et la magie,
Vont embellir votre sort!
(La marquise vient chercher Cagliostro et Cécile, en leur présentant la plume pour signer.)

CHŒUR.

Ah! qu'elle est belle,
Celle
Qui va charmer ses jours!
Vermeille rose,
Éclose
De la main des amours!

(Pendant ce chœur, Cécile s'est approchée de la table et, après un moment d'hésitation, elle signe : Cagliostro prend la plume et va en faire autant, au moment où entre Caracoli.)

SCÈNE II.

LES MÊMES, CARACOLI, paraissant à la porte du fond.
UN DOMESTIQUE, annonçant.
M. le marquis Caracoli!
CARACOLI, qui s'est avancé en saluant à droite et à gauche, aperçoit Cagliostro et dit à part :
O ciel! c'est lui que je croyais perdu... et il signe!.. Et le chevalier... (Regardant autour de lui.) où est-il donc?
CAGLIOSTRO, l'apercevant et se dirigeant vers lui.
Monseigneur Caracoli!
(Pendant que les parens et amis entourent la table à gauche pour signer au contrat, Cagliostro se trouve seul à droite du théâtre, à côté de Caracoli.)
CARACOLI, interdit, à Cagliostro.
Daignez recevoir les complimens d'un ami!
CAGLIOSTRO, à voix basse.
D'un traître!
CARACOLI, jouant la surprise.
Moi!
CAGLIOSTRO, de même.
Tu ne sais donc pas qu'un pouvoir occulte m'avertit à l'instant de la moindre trahison... Et mes papiers que tu as livrés?
CARACOLI, étendant la main.
Ça n'est pas vrai.
CAGLIOSTRO, les tirant de sa poche et les lui montrant.
Les voici!... Et ces cinq cents louis en or que tu as reçus?
CARACOLI, portant une main sur son gousset et faisant serment de l'autre.
Ce n'est pas vrai.
CAGLIOSTRO, montrant le gousset de Caracoli.
Ils sont là!... Et quand je peux d'un mot te faire tomber mort!
CARACOLI, tremblant.
Je le sais!
CAGLIOSTRO, tournant la tête vers des fournisseurs qui viennent d'entrer.
Qu'est-ce?
CARACOLI, voulant distraire l'attention de Cagliostro.
La corbeille de noce!...
CAGLIOSTRO.
Qu'on la porte au salon. (A Caracoli.) Et toi...
(Tendant la main.) Ce prix de ta trahison?
CARACOLI, interdit.
Comment?
CAGLIOSTRO, d'un air menaçant.
Allons, ou sinon!... (Caracoli lui remet en tremblant la bourse que Cagliostro jette aux fournisseurs.)
Tenez... c'est un à-compte.
(La marquise fait porter la corbeille dans le salon à droite, y entre un instant et en ressort presque aussitôt.)

CARACOLI, à part.

Per dio! payer sa corbeille de noce avec l'argent d'un rival... O grand homme!

LA MARQUISE, sortant du salon à droite.

Quoi! monsieur le comte, une corbeille magnifique!

CARACOLI, à part.

Et pas chère.

CAGLIOSTRO.

Mais à vous, madame la marquise, je ne vous ai point encore offert mon présent de noce... (A demi-voix.) Cette fiole que vous m'avez demandée...

LA MARQUISE, vivement.

Vous l'avez là, sur vous?

CAGLIOSTRO.

La voici.

LA MARQUISE, voulant déboucher le flacon.

O précieuse liqueur!

CAGLIOSTRO, l'arrêtant du geste.

Qui, comme toutes les liqueurs précieuses, a besoin de quelques mois de bouteille pour arriver à sa perfection.

LA MARQUISE.

Est-il possible?

CAGLIOSTRO.

Plus vous attendrez, plus l'effet sera prompt.

LA MARQUISE, vivement.

J'attendrai!... mais encore, combien?

CAGLIOSTRO.

Deux ou trois mois seulement!...

LA MARQUISE.

Silence! (Apercevant le notaire qui s'approche d'elle, le contrat ployé à la main, et présentant à la marquise un portefeuille qu'elle prend et s'adressant à Cagliostro.) A mon tour, monsieur le comte, j'ai à vous remettre ce portefeuille qui contient la dot de Cécile.

CARACOLI, à voix basse, à Cagliostro.

Le million?

CAGLIOSTRO, avec indifférence.

Lui-même!

CARACOLI, avec enthousiasme, à part.

O génie! comment ai-je pu te méconnaître!...

CAGLIOSTRO, à la marquise.

Et à quelle heure la célébration du mariage?

LA MARQUISE.

Nous n'attendons que M. le cardinal de Rohan; il vient de me faire dire qu'une affaire importante le retient... mais qu'il sera ici à minuit... D'ici là, nous avons, pour occuper tout notre monde, la séance de somnambulisme que vous nous avez promise.

CAGLIOSTRO.

Dès que notre somnambule arrivera...

LA MARQUISE.

On l'introduira dans mon boudoir... Je vais en donner l'ordre.

CAGLIOSTRO, bas, à Caracoli.

Toi, va l'attendre, et recommande-lui de nouveau ce qu'elle doit dire et faire!

CARACOLI, bas.

Z'y vais... et ze réponds de tout sur ma tête... Ce n'est pas moi maintenant qui voudrais vi tromper!

LA MARQUISE, à Cagliostro.

Ne voulez-vous pas d'abord que je vous présente à toutes les personnes de la cour qui sont là, impatientes de vous voir!

(Elle désigne le salon à droite.)

REPRISE DU CHŒUR.

Ah! qu'elle est belle,
Celle, etc.

(Tout le monde entre dans le salon à droite, excepté Caracoli qui sort par le fond; Cécile reste seule en scène.)

SCÈNE III.

CÉCILE, seule, puis CORILLA.

CÉCILE.

Allons, il n'y a plus d'espérance!... Malgré moi pourtant, j'attends encore... j'attends toujours que quelque fée secourable vienne à mon aide... (Apercevant Corilla qui entre par la porte du fond.) Que vois-je! celle qui a causé tous mes maux...

CORILLA.

Et qui vient les réparer.

CÉCILE, étonnée.

Vous, madame?

CORILLA.

Vous avez vu le chevalier?

CÉCILE, avec émotion.

Moi!... du tout!

CORILLA.

Comment! ne s'est-il pas présenté ici?

CÉCILE, affectant la fierté.

Je ne l'aurais pas reçu!

CORILLA.

Pour rompre votre mariage?

CÉCILE.

Le rompre!... De quel droit?... Certainement je n'y consentirais pas!... Et d'ailleurs, c'est impossible! car dans quelques instans, à minuit, il doit se célébrer, dans la chapelle du château!...

CORILLA.

Mais vous ne savez donc pas que le chevalier vous aime?

CÉCILE.

Lui!... Après les lettres que vous m'avez montrées... après l'amour qu'il a eu pour vous?...

CORILLA.

Et qu'il n'a plus!

ACTE III, SCÈNE IV.

CÉCILE.
C'est égal... Est-ce qu'on peut aimer deux fois ?
CORILLA.
Je l'espère bien !... pour moi du moins, qu'il a abandonnée, trahie... car c'est moi qu'il trahit pour vous.
CÉCILE.
C'est vrai !
CORILLA.
Et je lui pardonne!
CÉCILE.
C'est vrai !
CORILLA.
Et vous êtes inexorable !... Et vous voulez sa perte... car il se tuera !
CÉCILE, effrayée.
O ciel ! vous le croyez ?...
CORILLA.
C'est peut-être déjà fait... sinon, il serait ici !..
CÉCILE, de même.
Se tuer, dites-vous ?
CORILLA.
Et s'il faut ainsi tuer tous les infidèles... Qu'est-ce qu'il nous restera ?
CÉCILE, apercevant le chevalier qui entre par la porte du fond.
C'est lui !

SCÈNE IV.

CÉCILE, CORILLA, LE CHEVALIER.

TRIO.

CORILLA, courant au chevalier.
Enfin, je vous revois !... Qu'êtes-vous devenu ?
LE CHEVALIER, avec égarement.
Ce traître, ce perfide était en ma puissance,
Quand sur nous, un nuage est soudain descendu...
Je voulais le poursuivre... il avait disparu...
Et contre un rêve affreux... contre un spectre terrible,
Je luttais vainement... un pouvoir invincible
Par des liens de fer me tenait torturé ;
J'ignore quel temps cette fièvre a duré...
Enfin, je m'élançai...
CÉCILE.
Je frémis d'épouvante !
LE CHEVALIER, se rappelant ce qu'il a vu.
Une grotte, un jardin... des murs... je les franchis...
CORILLA, à part.
O ciel !
LE CHEVALIER.
Une voiture à mes yeux se présente !
A Versailles... criai-je... à Versailles !... J'ignore
Comment j'ai fait la route... et je doutais encore
De moi, de ma raison... A présent seul, j'y crois !
Car je suis près de vous... Cécile, je vous vois !

ENSEMBLE.
LE CHEVALIER.
Oui, cette douce vue,
Emblème du pardon,
Rend à mon âme émue
L'espoir et la raison !
CORILLA.
Oui, cette douce vue,
Emblème du pardon,
Rend à son âme émue
L'espoir et la raison !
CÉCILE.
Eh quoi ! ma seule vue,
Emblème du pardon,
Rend à son âme émue
L'espoir et la raison !

CORILLA, vivement, à Cécile.
Oui, oui, vous accordez le pardon qu'il réclame.
(Bas au chevalier.) (Haut.)
J'avais parlé pour vous... Eh ! vite, ces écrits,
Ces papiers, qui sauront prouver à tout Paris
Que le grand Cagliostro n'est qu'un fourbe, un infâme !
LE CHEVALIER.
C'est juste !...
(Cherchant sur lui.)
Ces papiers...
CORILLA.
Eh bien ! vous les avez ?
LE CHEVALIER, avec désespoir.
Non ! je ne les ai plus... disparus ! enlevés !
CORILLA et CÉCILE.
Disparus ! enlevés !

ENSEMBLE.
CORILLA.
Fortune impitoyable
Qui les sépare encor,
Talisman favorable
D'où dépendait leur sort !
LE CHEVALIER et CÉCILE.
Fortune impitoyable
Qui nous sépare encor,
Talisman secourable
D'où dépend notre sort !

CORILLA, vivement, à Cécile.
Eh bien ! dans ce salon, et devant votre mère,
D'une voix intrépide et d'un front assuré,
Refusez hautement...
CÉCILE, tremblante.
Jamais je n'oserai !
CORILLA, à part, avec indignation.
Et cela croit aimer !
CÉCILE.
Mais, ce que je puis faire,
C'est de mourir !
LE CHEVALIER.
O ciel !

CÉCILE.
  Et pour vous je mourrai !
CORILLA.
Dénouement détestable !

ENSEMBLE.

CORILLA.

Fortune impitoyable
Qui les sépare encor,
Talisman secourable
D'où dépendait leur sort !

LE CHEVALIER et CÉCILE.

Fortune impitoyable
Qui nous sépare encor,
Talisman secourable
D'où dépend notre sort !

CORILLA, au chevalier et à Cécile.

Je puis vous en répondre,
Je comblerai vos vœux,
Et je saurai confondre
Ce fourbe audacieux !

LE CHEVALIER.

Mais nous pouvons confondre
Ce fourbe audacieux,
Si ton cœur sait répondre
A mon cœur amoureux !

CÉCILE.

La mort saura confondre
Leurs projets odieux,
L'honneur doit t'en répondre...
A toi mes derniers vœux !

(A la fin du trio, on entend Caracoli parler par la porte à droite.)

CÉCILE, poussant un cri.

Ah ! l'on vient ! (Elle s'arrache des bras du chevalier.) Adieu ! adieu !
(Elle s'élance dans le grand salon à gauche.)

CORILLA, qui a été regarder dans la chambre à droite, au chevalier.

N'ayez pas peur ! il y a là quelqu'un qui pourra nous servir !

LE CHEVALIER.

Qui donc ?

SCÈNE V.

CORILLA, LE CHEVALIER, CARACOLI.

CARACOLI, à la porte à droite.

Oui, mademoiselle, ze vais leur dire que la sonnambula, elle est prête !...

LE CHEVALIER, apercevant Caracoli.

Ah ! le ciel nous l'envoie !

CARACOLI, effrayé.

Le chevalier !...

LE CHEVALIER.

Et, à défaut d'écrits, son témoignage aidera à démasquer Cagliostro !

CARACOLI, vivement.

Moi ?.. Ne comptez pas là dessus... Je parlerai plutôt contre vous !

LE CHEVALIER.

Quand tu nous a avoué ?...

CARACOLI, de même.

Ze n'ai rien dit... ze nierai tout !

LE CHEVALIER.

Qu'est-ce que cela signifie ?

CARACOLI, à demi-voix.

Les papiers que je vous avais livrés sont revenus d'eux-mêmes entre ses mains... L'or que vi m'aviez donné est passé dans les siennes... Il a, en enfer, des espions de police qui lui disent tout !

LE CHEVALIER et CORILLA.

Allons donc !

CARACOLI.

Et même, dans ce moment, s'il devine que ze cause avec vous, c'est fait de moi !

LE CHEVALIER.

Écoute-nous, au moins !

CARACOLI.

Non !... et ze n'ai rien qu'un mot à vous dire... un dernier... Partez au plou vite, ou craignez comme moi, le grand Cagliostro.

(Il s'élance dans le salon à gauche.)

SCÈNE VI.

CORILLA, LE CHEVALIER.

CORILLA.

Eh bien ! vit-on jamais une crédulité, une terreur pareilles !...

LE CHEVALIER.

Il les a tous ensorcelés !

CORILLA.

Et si vous osiez, à présent, attaquer leur idole, c'est sur vous que tomberait l'indignation publique...

LE CHEVALIER.

N'importe !
(Il va pour sortir par la porte du fond.)

CORILLA.

Où allez-vous ?

LE CHEVALIER.

Le tuer, et me tuer après.

CORILLA, effrayée.

O ciel ! vous tuer !... (D'un ton de reproche.) Vous n'auriez pas fait cela pour moi, ingrat !

LE CHEVALIER.

Pardon ! mais dans mon désespoir !...

ACTE III, SCÈNE VIII.

CORILLA.

Et penser que, d'un mot, je peux les sauver et les rendre tous heureux !

LE CHEVALIER.

Eh bien ! ce mot, pourquoi ne pas le dire ?

CORILLA.

Pourquoi ?... parce que, moi, il me rend à jamais esclave... parce qu'il me remet aux mains d'un tyran... N'importe !... je vous aime encore plus que je pensais... Et si je vous prouvais que ce prétendu comte Cagliostro n'est autre que Joseph Balzamo... si je vous prouvais qu'il est marié !...

LE CHEVALIER, avec joie.

Nous sommes sauvés !...

CORILLA.

Et que sa femme est ici !...

LE CHEVALIER, stupéfait.

Comment ! vous ?...

CORILLA, voyant ouvrir la porte à gauche.

Silence !

SCÈNE VII.

LES MÊMES, LE PRINCE, sortant du salon.

LE PRINCE, apercevant Corilla.

Je courais vous écrire... Vous avez deviné que j'avais des nouvelles... (Se retournant.) Le chevalier !... D'où diable sort-il ?... de l'autre monde !...

LE CHEVALIER.

Vous l'avez dit !

CORILLA.

Exprès pour confondre Cagliostro !

LE PRINCE, au chevalier.

Je ne vous conseille pas de l'essayer !... Ceux qui lui en veulent ne réussissent pas... vous l'avez vu... tandis que tout nous sourit, à nous autres, qui sommes ses amis !... Voici d'abord, et, grâce à lui, la belle Corilla, qui, jusqu'alors insensible, m'aime enfin, et n'a jamais aimé que moi !...

LE CHEVALIER.

Comment !...

LE PRINCE.

Il me l'a dit !..... (A Corilla.) et comme un bonheur n'arrive jamais seul, M. le cardinal de Rohan vient de m'envoyer pour vous ce paquet qu'il reçoit à l'instant de la cour de Rome.

CORILLA.

Ah ! mon Dieu !

LE PRINCE, d'un air joyeux.

Lisez ! lisez !

CORILLA, lisant.

Oui, oui, c'est bien cela... un bref du saint-père, qui annule et brise mon mariage avec Joseph Balzamo !

LE CHEVALIER.

O ciel !... il est libre !... (Tombant sur un fauteuil.) libre !...

LE PRINCE, à Corilla.

Et vous aussi !... fidèle à votre promesse, vous ne pouvez plus refuser ma fortune et ma main.. Parlez... ordonnez... faites vos conditions !...

CORILLA.

Eh bien ! je n'en mets qu'une !... (Lui montrant le papier qu'il tient.) Silence absolu, silence avec tous... sinon, rien de fait !...

LE PRINCE.

Je suis muet...

CORILLA.

Maintenant, et sans rentrer au salon... partez !

LE PRINCE.

Quand je peux passer ma soirée avec vous, et assister au triomphe de Cagliostro !..

CORILLA.

J'ai dit : partez !

LE PRINCE.

C'est juste !... mais pourquoi ?... Qu'aurai-je à faire ?...

CORILLA.

Tout disposer pour quitter Versailles.

LE PRINCE, consterné.

Quitter Versailles !... Et comment ?

CORILLA.

Avec moi !

LE PRINCE, poussant un cri et tombant à genoux.

Ah !

(Elle lui fait signe de se relever. Il sort par la porte du fond.)

SCÈNE VIII.

CORILLA, LE PRINCE.

LE CHEVALIER, avec désespoir.

Adieu ! adieu !... Tout est fini pour moi !... Partez avec lui !...

CORILLA, avec sentiment.

Oui, je partirai... mais quand vous serez heureux, quand je vous aurai sauvé !.. Venez ! entrons dans cet appartement.

(Elle désigne la chambre à droite.)

LE CHEVALIER.

Mais nous y trouverons cette somnambule...

CORILLA.

C'est égal... Venez, vous dis-je !...

(Ils sortent vivement par la porte à droite.)

SCÈNE IX.

LA MARQUISE, CAGLIOSTRO, CÉCILE, CARACOLI, SEIGNEURS et DAMES de la société de la marquise.

FINALE.

CHOEUR.
O brillante alliance !
Jour de félicité.
Honneur à la science,
Amour à la beauté !

CAGLIOSTRO, *donnant la main à Cécile.*
Enfin, voici l'instant si cher à ma tendresse.

CÉCILE, *à part, regardant autour d'elle.*
Ah ! je ne les vois pas... Plus d'amis ! plus d'espoir !

LA MARQUISE, *à Cagliostro.*
Près d'elle, n'allez pas oublier la promesse
Que vous nous avez faite...

CAGLIOSTRO, *se tournant vers l'assemblée.*
Oui, nous devons, ce soir,
Ici vous présenter une devineresse
Qui lit au fond des cœurs, sans trouble et sans effort,
Et dit la vérité sitôt qu'elle s'endort !

TOUS.
Où donc est-elle ?...

CARACOLI, *montrant la porte à droite.*
Là... car je l'ai déjà vue.
Eveillée, elle est bien... ma...

CAGLIOSTRO, *à voix basse.*
Tu l'as prévenue ?

CARACOLI, *de même.*
Et demande, et réponse, elle sait tout par cœur !

LA MARQUISE, *à Cécile, montrant Cagliostro.*
Et voilà ton époux... Comprends-tu ton bonheur !...

CHOEUR.
O brillante alliance !
Jour de félicité.
Honneur à la science,
Amour à la beauté !

(*La porte de droite s'ouvre, et paraît la somnambule ; elle est en blanc, couverte d'un voile épais, une couronne de laurier sur le front, une branche de verveine à la main.*)

CHOEUR, *à demi-voix.*
Mais c'est elle... Du silence !
Lentement elle s'avance,
Et déjà règne en mon cœur
Une sainte terreur !

(*Caracoli apporte un fauteuil au milieu du théâtre, Cagliostro fait asseoir la somnambule et se tient debout auprès d'elle, à droite la marquise et Cécile sont assises, à côté d'elles se place Caracoli. Au milieu, un second groupe de femmes, à droite, un peu vers le fond, un troisième groupe de femmes, elles sont assises. Les hommes sont debout derrière elles. *** domestiques en riches livrées se tiennent au fond*)

CAGLIOSTRO, *magnétisant la somnambule qui vient de s'asseoir.*
O pouvoir magnétique !
Fluide sympathique,
Du monde léthargique
Ouvre-lui les trésors.
A ma voix qui commande,
Que le sommeil descende,
Que l'esclave m'entende !
Dors ! je le veux !.. dors !
(*La somnambule renverse sa tête et paraît plongée dans le sommeil.*)

CHOEUR.
Elle dort ! Quelle puissance !
Ecoutons ! faisons silence !

CAGLIOSTRO, *soulevant le voile de la somnambule.*
Et maintenant, parlez ! (*Il jette les yeux sur elle et pousse un cri d'effroi.*) Ah !
(*Caracoli accourt à ce cri, aperçoit Corilla, pousse un second cri et reste immobile ainsi que Cagliostro, pendant que Corilla se lève lentement.*)

ENSEMBLE.

CAGLIOSTRO, *dans le plus grand trouble, à part.*
Ah ! quelle image fantastique
S'est offerte à mes yeux troublés !
Ma femme !... O pouvoir diabolique,
Est-ce ma mort que vous voulez ?

LA MARQUISE, *regardant Cagliostro.*
Sous l'influence magnétique
Tous ses traits semblent renversés,
Et comme la sibylle antique,
Ses cheveux se sont hérissés.

CARACOLI, *à part.*
Ce n'est pas elle ! C'est unique,
D'effroi mon âme a tremblé,
Et malgré son pouvoir magique,
Mon maître en paraît tout troublé.

CHOEUR.
Sous l'influence magnétique
Ses yeux sont ternes et glacés,
Et comme la sibylle antique,
Tous ses traits semblent renversés !

CORILLA, *d'une voix lente et solennelle.*
Tu commandes, ô maître... et je cède à tes lois...
Je vais parler.

CAGLIOSTRO, *à part.*
C'est elle ! c'est sa voix...
(*S'approchant d'elle et à voix basse.*)
Tu reviens du tombeau pour me perdre !

CORILLA, *à voix basse.*
Au contrai
(*A voix haute, vers l'assemblée.*)
Ecoutez ! écoutez... la vérité m'éclaire...

CÉCILE, *qui jusque-là n'a pris aucune part à cette sc* lève les yeux et reconnaît Corilla.
O ciel !

LA MARQUISE, étonnée.
Qu'as-tu ?
CÉCILE.
Rien ! rien !
CORILLA, d'un air inspiré.
Je lis que le grand, le savant
Cagliostro ne peut plus se marier...
TOUS, avec surprise.
Comment !
CORILLA, de même.
Je lis, je vois, que de sa fiancée
Un autre amour occupe la pensée...
Décidée à mourir !
CÉCILE, se levant avec exaltation.
Oui, c'est vrai !
LA MARQUISE.
J'ai frémi !
CORILLA, de même.
Si sa main n'appartient à son cousin qu'elle aime !
LA MARQUISE.
Il a fui loin de nous !
CORILLA.
Oui, mais à l'instant même
Il revient ! il accourt !
LA MARQUISE.
Impossible !
CORILLA, étendant la main vers la porte du fond.
C'est lui !
Il accourt ! le voici ! le voici !
(Le chevalier paraît, tout le monde pousse un cri.)

ENSEMBLE.

CAGLIOSTRO et CARACOLI.
Ah ! quelle image fantastique
S'est offerte à mes yeux troublés.
Démons et pouvoir diabolique
Est-ce ma mort que vous voulez ?
LE CHEVALIER et CÉCILE.
Oui, par le pouvoir magnétique,
Tous deux nous voilà rassemblés.
A sa voix divine, magique,
Nos cœurs sont déjà consolés !
LA MARQUISE et LE CHOEUR.
Pouvoir terrible et sympathique
Dont chacun de nous est troublé,
Sous le fluide magnétique,
Lui-même paraît accablé !
CORILLA.
Oui, grâce au pouvoir magnétique,
Tous les secrets sont révélés,
Et tous, à ma voix prophétique
Obéissez, ou bien tremblez !

CORILLA.
Écoutez ! écoutez... ô dévoûment suprême !....
Je vois que, toujours grand, sublime et généreux,
Cagliostro ne veut pas leur malheur à tous deux ;
A la main de Cécile il renonce lui-même.
Je le vois ! je le vois !...

CAGLIOSTRO.

CAGLIOSTRO, bas, à Cécile.
Non ! je n'en ferai rien !
CORILLA, à demi-voix, à Cagliostro.
Je le veux ! je le veux !
CAGLIOSTRO, à part, avec colère.
Il le faut parbleu bien ! Soyons donc généreux !
(Haut, avec effort, s'avançant près de la marquise.)
Oui, oui, qu'ils soient heureux !
CORILLA.
Ah ! ce n'est rien encor !
CAGLIOSTRO, à part, avec inquiétude.
Que veut-elle de plus ?
CORILLA.
Aussi riche qu'habile,
Le fameux Cagliostro ne peut tenir à l'or,
Il en fait quand il veut... et la dot de Cécile,
Qu'il vient de recevoir... est, je le vois, par lui
Rendue au chevalier !
CAGLIOSTRO, à part, avec colère.
Ah ! c'est un peu trop fort !
CORILLA, bas, à Cagliostro.
Balzamo, je le veux !
LE CHEVALIER, s'inclinant d'un air railleur, à
Cagliostro.
Vraiment, monsieur le comte ?
CAGLIOSTRO, balbutiant.
Oui !
(A part.)
Il le faut, morbleu bien !
(Haut, et tirant noblement le portefeuille de sa poche.)
La voici ! la voici !
CHOEUR.
O vertu sublime !
Mortel généreux !
Que la terre estime
A l'égal des dieux !
CORILLA.
Écoutez ! écoutez ! ce n'est rien !...
CAGLIOSTRO, avec impatience.
C'en est trop !
CORILLA, avec emphase.
Le grand, le vertueux, le divin Cagliostro !...
CAGLIOSTRO, vivement.
Ah ! ma modestie est trop grande
Pour en écouter plus... Assez, je le commande !
(La magnétisant pour l'éveiller.)
Assez ! assez !
(A part.)
Satan femelle !
(Haut.)
Éveille-toi !
Je te l'ordonne !...
CORILLA, ouvrant les yeux avec peine, comme quelqu'un qui a long-temps dormi, et affectant une grande surprise.
Où suis-je ! et qu'est-ce que je vois ?
CÉCILE et le CHEVALIER, à sa gauche.
Ceux qui vont, grâce à vous, s'adorer sans entrave...

5

CAGLIOSTRO, à sa droite, bas.
Et ton maître irrité qui reprend son esclave !
CORILLA, de même.
C'est ce que nous verrons !...

SCÈNE X.

Les mêmes, le PRINCE, entrant par la porte du fond, et passant entre Cagliostro et Corilla.

LE PRINCE.
La voiture est en bas !
CAGLIOSTRO, étonné.
Comment ?
LE PRINCE, à Cagliostro, à demi-voix.
Je vous la dois, et ne m'en cache pas !
C'est Corilla, c'est elle que j'enlève !
CAGLIOSTRO, vivement.
Mais elle est mariée !
LE PRINCE, de même.
Elle avait pour mari
Un Joseph Balzamo, scélérat accompli !...
Mais le pape a brisé leur hymen...
CAGLIOSTRO.
Est-ce un rêve ?
CORILLA, montrant le bref qu'elle tire de sa poche.
C'est signé !
CAGLIOSTRO, à part, avec rage.
J'étais libre...

(Montrant Cécile.)
Et pouvais l'épouser !
CORILLA, à demi-voix.
Toi, qui les trompes tous, on peut bien t'abuser !
(Elle va rejoindre le prince à gauche, pendant que la marquise, Cécile et le chevalier sont à droite.)
CARACOLI, s'approchant de Cagliostro, qui est seul sur le devant du théâtre.
Et qu'avons-nous gagné, maître ?
CAGLIOSTRO.
Un crédit immense !
De tout oser, morbleu ! J'ai maintenant les droits !
LA MARQUISE, regardant Cagliostro.
Tant de vertus méritent récompense...
(S'approchant de lui, et à voix basse.)
Un seul mot !
CAGLIOSTRO.
Qu'est-ce donc ?
LA MARQUISE, lui montrant la fiole qu'elle tire de sa poche.
Revenez dans trois mois !

CHŒUR.

Ah ! son mérite immense
Va toujours crescendo !
Bravo, signor, bravo !
Il donne l'opulence,
Il guérit subito,
Le tout incognito !
Et voilà la science
Du divin Cagliostro !

FIN DE CAGLIOSTRO.

Paris. — Imprimerie de BOULÉ et Cⁱᵉ, rue Coq-Héron, 3.

www.ingramcontent.com/pod-product-compliance
Lightning Source LLC
Chambersburg PA
CBHW060533050426
42451CBW00011B/1749